reinhardt

Sabine Stuber-Bartmann

Besser lernen

Ein Praxisbuch zur Förderung von Selbstregulation und exekutiven Funktionen in der Grundschule

3., durchgesehene Auflage

Mit 14 Abbildungen und 3 Tabellen

Mit 12 Kopiervorlagen als Online-Zusatzmaterial

Ernst Reinhardt Verlag München

Sabine Stuber-Bartmann, Sonderpädagogin, arbeitet an einem Sonderpädagogischen Bildungs- und Beratungszentrum mit dem Förderschwerpunkt Sprache und ist als Referentin am Landesinstitut für Schulsport, Schulkunst und Schulmusik, Ludwigsburg, in der Lehreraus- und -fortbildung tätig.

Bibliografische Information der Deutschen Nationalbibliothek

Die Deutsche Nationalbibliothek verzeichnet diese Publikation in der Deutschen Nationalbibliografie; detaillierte bibliografische Daten sind im Internet über <http://dnb.d-nb.de> abrufbar.
ISBN 978-3-497-03080-4 (Print)
ISBN 978-3-497-61517-9 (PDF-E-Book)
ISBN 978-3-497-61518-6 (EPUB)
3., durchgesehene Auflage

Printed in EU
Cover unter Verwendung eines Fotos von © istock.com/BraunS
Satz: Jörg Kalies – Satz, Layout, Grafik & Druck, Unterumbach

Ernst Reinhardt Verlag, Kemnatenstr. 46, D-80639 München
Net: www.reinhardt-verlag.de E-Mail: info@reinhardt-verlag.de

Inhalt

Einleitung – Was Kinder zum Lernen brauchen 9

1 Exekutive Funktionen und Selbstregulation 13

1.1 Was sind exekutive Funktionen? 13
Arbeitsgedächtnis 14
Inhibition 16
Kognitive Flexibilität 16

1.2 Wie entwickeln sich exekutive Funktionen? 17

1.3 Welche Bedeutung haben exekutive Funktionen? 18

2 Förderung exekutiver Funktionen im Klassenzimmer 20

2.1 Unterstützende Maßnahmen 24
Denkanstöße zur Veränderung der Umwelt 24
Denkanstöße zur Veränderung der Aufgabe 26
Denkanstöße zur Veränderung der Interaktion 27

2.2 Spiel- und Übungsformen im Fachunterricht 28
Spielformen für den Deutschunterricht 30
Spiel 1: Wörterschatzsuche 30
Spiel 2: Lernwörter buchstabieren 31

Spielformen für den Mathematikunterricht 32
Spiel 3: Zahlen hören 32
Spiel 4: Zahlenreihen 34
Spiel 5: Die verbotene Zahl 35
Spiel 6: Wie viel? 35
Spiel 7: Größer – kleiner – gleich 36

Spielformen für den Musikunterricht . . . 37
Spiel 8: Bruder Jakob . . . 37
Spiel 9: Sprechvers: Sitzt ein Kuckuck auf dem Baum . . . 38

2.3 Allgemeine Spiele im Klassenzimmer zur Förderung exekutiver Funktionen . . . 39
Spiel 10: Gegenteilspiel . . . 39
Spiel 11: Wo bist du? Straßenspiel . . . 40
Spiel 12: Kim-Spiel mit Personen . . . 42
Spiel 13: Kim-Spiel im Raum . . . 43
Spiel 14: Münzenrallye . . . 44
Spiel 15: Schlüsselspiel . . . 46
Spiel 16: Wer ist Herbert? . . . 47
Spiel 17: Stuhlschach . . . 47
Spiel 18: 1-2-3 gemerkt und bewegt . . . 48
Spiel 19: Der Bär und die Holzfäller . . . 49

2.4 Achtsamkeitsübungen zur Verbesserung der exekutiven Funktionen . . . 50
Was ist Achtsamkeit? . . . 50
Wirkung von Achtsamkeitsübungen . . . 51
Was ist bei Achtsamkeitsübungen mit Kindern zu beachten? . . . 52
Achtsamkeitsübungen mit Kindern . . . 52
Spiel 20: Einstiegsübung Geräusche hören . . . 52
Spiel 21: Grundübung Atmen . . . 54
Spiel 22: Reifen hören . . . 55
Spiel 23: Blinde Schatzsuche . . . 56
Spiel 24: Häuptling Leise Sohle . . . 57
Spiel 25: Schuhklau . . . 58
Spiel 26: Wäscheklammern spüren . . . 59
Spiel 27: Balance-Übung Der Baum . . . 60
Spiel 28: Gruppenübung Tierbaby sucht Mama . . . 62

3 Förderung exekutiver Funktionen im Einzel-/Kleingruppensetting . . . 63

Fördermöglichkeiten zielgerichtet planen . . . 63
Fragebogen zu den Exekutivfunktionen . . . 64

3.1 Förderung des Arbeitsgedächtnisses . . . 66
Wie erkennt man Kinder mit schwachem Arbeitsgedächtnis in der Schule? . . . 66
Wie können Kinder mit einem schwachen Arbeitsgedächtnis im Unterricht unterstützt werden? . . . 68
Spielerische Förderung des Arbeitsgedächtnisses auditiv . . . 69
Spiel 29: Tier-Spiel . . . 69
Spiel 30: Was wurde genannt? Obstsalat auditiv . . . 70
Spiel 31: Gehörte Memorykarten merken . . . 71

Spielerische Förderung des Arbeitsgedächtnisses visuell . . . 72
Spiel 32: Obstsalat . . . 72
Spiel 33: Mit Memorykarten . . . 73
Spiel 34: Im Labyrinth . . . 74

3.2 Förderung der Fähigkeit zur Inhibition . . . 75
Wenn-dann-Plan mit Förderziel Reaktionshemmung . . . 76
Wenn-dann-Plan mit Förderziel Emotionsregulation . . . 77

4 Förderung exekutiver Funktionen durch Bewegung, Spiel und Sport . . . 80

Spiel 35: Feuer, Wasser, Sturm mit kognitiven Aufsetzern . . . 82

Fangspiele . . . 84
Spiel 36: Fänger auf Signal . . . 84
Spiel 37: Merk-Fangen . . . 85
Spiel 38: Harry-Potter-Fangen . . . 86
Spiel 39: Würfel-Fangen . . . 87
Spiel 40: Aufgepasst und losgerannt . . . 88

Staffelspiele . . . 89
Spiel 41: Drei gewinnt – gerannt . . . 89
Spiel 42: Flitzmemory . . . 90
Spiel 43: Mensch ärgere dich nicht – bewegt . . . 91

Spiel- und Übungsformen mit Elfer-raus- oder Uno-Karten . . . 92
Spiel 44: Farbe oder Zahl? . . . 92
Spiel 45: Zahlenstaffel . . . 93
Spiel 46: 1–6-Zahlenstaffel . . . 93

Komplexe Spielformen . . . 94
Spiel 47: Hühnerjagd . . . 94
Spiel 48: Drachenschatz . . . 96
Spiel 49: Farben-Brennball . . . 97

Tanzspiele . . . 98
Spiel 50: Ku-tschi-tschi . . . 98
Spiel 51: Kreistanz . . . 99

5 Förderung der Selbstregulation als Aufgabe der Schulentwicklung? . . . 100

Literatur . . . 103

Sachregister . . . 105

Online-Material
Arbeitsblätter und Spielpläne zu vielen der Spiele können Leserinnen und Leser dieses Praxisbuchs auf der Homepage des Ernst Reinhardt Verlags unter http://www.reinhardt-verlag.de herunterladen.

Einleitung – Was Kinder zum Lernen brauchen

20% der 15-jährigen Jugendlichen in Deutschland scheitern beim Lösen einfachster Alltagsaufgaben, weil sie ihre Konzentration nicht hinreichend steuern und nicht planvoll handeln können (Bauer 2015). Wer heutzutage mit Kindern und Jugendlichen arbeitet, wird von dieser Aussage nicht überrascht sein.

Bereits in der Grundschule klagen viele Pädagogen darüber, dass Kinder zunehmend weniger in der Lage seien, kurz zu warten, zu teilen oder ihre Impulse zu kontrollieren. Dabei ist die Fähigkeit, sich auf eine Sache zu konzentrieren, seine Ideen im Gedächtnis zu behalten und bearbeiten zu können, kurzfristigen Versuchungen und Impulsen zu widerstehen, situationsgerecht reagieren zu können, um ein längerfristiges Ziel zu erreichen, entscheidend, um in der Schule erfolgreich zu sein.

BEISPIEL

Wieso gelingt es also **Yannik** auch in der dritten Klasse noch nicht, ein einfaches Arbeitsblatt konzentriert zu bearbeiten? Beim kleinsten Geräusch schaut er sofort auf und reagiert darauf. Hört er etwas außerhalb des Klassenzimmers, gibt er seinem spontanen Impuls nach und läuft ans Fenster, um hinauszuschauen.

Oder **Leons** Arbeitsplatz: Sein Schulranzen und sein Tischfach sind ein einziges Chaos. Hefte, Arbeitsblätter, Reste von Bastelarbeiten und Pausenbrottüten liegen wild durcheinander. Fordert die Lehrerin die Klasse auf, Aufgaben aus dem Rechenheft zu bearbeiten, fängt Leon orientierungslos an zu suchen. Während einige seiner Klassenkameraden bereits die genannten Aufgaben bearbeiten, wühlt er noch frustriert in seinen Materialien.

Marie dagegen ist eine gute Rechnerin. Blitzschnell löst sie die Kopfrechenaufgaben und ruft die Ergebnisse laut in die Klasse. Ihre Mitschüler werden zunehmend ungehalten, da sie keine Chance haben, sich am Unterricht zu beteiligen.

BEISPIEL

Mario ist eigentlich ebenfalls ein guter Rechner. Alle Päckchenaufgaben mit derselben Grundrechenart rechnet er fehlerlos und zügig aus. Wechseln sich jedoch verschiedene Grundrechenarten innerhalb eines Päckchens ab, übersieht er die unterschiedlichen Anforderungen und rechnet stur nach der Methode der ersten Aufgabe weiter.

Diese Liste könnte problemlos fortgesetzt werden, Lehrer und Pädagogen kennen viele Beispiele aus ihrem Arbeitsalltag.

Eine mögliche Ursache für die Schwierigkeiten dieser Kinder könnte sein, dass ihre Fähigkeit zur Selbstregulation im Vergleich zu ihren Altersgenossen weniger ausgeprägt ist.

DEFINITION

Der Begriff **Selbstregulation** umschreibt die Fähigkeit, Gefühle, Gedanken und Handlungen kontrollieren und steuern zu können. Die höheren geistigen Prozesse, die der Selbstregulation zugrunde liegen, werden **exekutive Funktionen** (EF) genannt.

Aus Langzeitstudien ist bekannt, dass die Fähigkeit zur Selbstregulation für den Schulerfolg bedeutsamer und aussagekräftiger ist als der reine Intelligenzquotient (IQ) (Duckworth/Seligmann 2005). Ein hoher IQ bedeutet also nicht unbedingt auch gute Noten.

Kapitel 1

Im ersten Kapitel dieses Buchs werden alle wichtigen Begrifflichkeiten erläutert, die einzelnen Funktionen wie das Arbeitsgedächtnis, die Inhibition und die kognitive Flexibilität erklärt sowie die Entwicklung und Bedeutung der exekutiven Funktionen aufgezeigt. Dies erfolgt unter der Prämisse: so viel Hintergrundwissen wie nötig, so viel Praxisorientierung wie möglich.

Kapitel 2

Exekutive Funktionen können in der Grundschule gezielt trainiert werden. Die Förderung kann spielerisch, kognitiv oder körperlich erfolgen (Kubesch 2016). Deshalb befassen sich die ausführlichen Kapitel 2 bis 4 mit Fördermöglichkeiten in der Schule. Dabei wurde darauf geachtet, typische Aspekte des Schulalltags aufzuzeigen.

Die gezielte Förderung der exekutiven Funktionen kann sowohl unterrichtsimmanent (im Unterrichtsalltag durch eine entsprechende Struktur und gezielt eingesetzte Spiele im Fachunterricht, Kap. 2.1, 2.2) als auch im rhythmisierten Schultag in Form einer Bewegungspause (Kap. 2.3) oder einer Stilleübung (Kap. 2.4) erfolgen.

Eine heterogene Schülerschaft erfordert ein zunehmend differenziertes Unterrichten und ein individuelles Eingehen auf die Bedürfnisse der Kinder. Bei der Einschulung finden sich Kinder mit völlig unterschiedlichen Voraussetzungen in einer Klasse zusammen. Kinder mit Lernschwierigkeiten und impulsiven Verhaltensweisen kommen in jeder Grundschulklasse vor. Viele Schulen reagieren folgerichtig mit besonderen Förderangeboten.

Auch hier kann es hilfreich sein, die Entwicklung der exekutiven Funktionen genauer zu betrachten, denn es wird vermutet, dass hinter vielen Lernproblemen Schwierigkeiten, die auf die exekutiven Funktionen zurückzuführen sind, stehen (Brunsting 2011). So haben beispielsweise laut Gathercole und Alloway (2014) ca. 70 % der Kinder mit Lernschwierigkeiten im Lesen auch ein schwaches Arbeitsgedächtnis.

Kinder mit Aufmerksamkeitsdefizitsyndrom (ADS / ADHS) fallen besonders durch impulsives Verhalten auf. Darüber hinaus haben sie häufig ein schwaches Arbeitsgedächtnis. Lauth und Schlottke (2009) bezeichnen ADS / ADHS deshalb auch als ‚dysexekutives Syndrom'.

Kapitel 3

Kapitel 3 befasst sich mit der gezielten Förderung einzelner Kinder. Ein Fragebogen zur Einschätzung der Stärken und Schwächen eines Kindes erleichtert die Planung von gezielten Fördermaßnahmen. In Kapitel 3.1 kann mit einem einfachen Test das auditive Arbeitsgedächtnis überprüft werden. Aus den Ergebnissen lassen sich anschließend Fördermöglichkeiten ableiten (Kap. 3.1).

Besonders jüngeren Kindern fällt die Impulskontrolle noch sehr schwer. Deshalb wird in Kapitel 3.2 eine in der Schule mögliche und erprobte Interventionsmöglichkeit dargestellt.

Kapitel 4

Besonders effektiv für die Förderung exekutiver Funktionen scheint eine Kombination aus körperlichem und kognitivem Training zu sein (Kubesch 2016), also immer dann, wenn Kinder sich bei körperlicher Belastung gleichzeitig etwas merken, schnell zwischen verschiedenen Anforderungen wechseln oder eine automatisierte Handlung abbrechen müssen. Viele altbekannte kleine Spiele lassen sich so verändern, dass sich das Gehirn immer wieder neu anstrengen muss und somit neuer Spaß in die sportliche Bewegung kommt. In Kapitel 4 gibt es dazu Beispiele.

Kapitel 5

Die Unterstützung bei der Entwicklung der Selbstregulation ist eine Aufgabe aller am Schulleben beteiligter Personen. Aus systemischer Sicht gibt es eine Vielzahl von Möglichkeiten, Kinder in ihrer Entwicklung zu unterstützen. Die Anregungen in Kapitel 5 sollen als Denkanstöße und Handlungsimpulse für die Schulentwicklung verstanden werden.

Im vorliegenden Buch wurden weibliche und männliche Formen abwechselnd verwendet.

Ein herzliches Dankeschön geht an Lena und ihre Klassenkameraden sowie ihre Lehrer Kerstin Schelle und Thomas Schreiner für ihre Unterstützung bei den Bildern. Meinen Kolleginnen Kirstin Dammaschk, Evelyn Kugel und Carmen Walter danke ich für ihre Rückmeldungen und Anregungen. Ganz besonderer Dank geht an meinen Mann Ralf, der mich mit seinen Anregungen, Ideen und seinem fachlichen Rat begleitet hat.

1 Exekutive Funktionen und Selbstregulation

1.1 Was sind exekutive Funktionen?

DEFINITION

Der Begriff **exekutive Funktionen** stammt ursprünglich aus dem Englischen und bedeutet Steuerungs- und Leitungsfunktion (Müller 2013). Es sind höhere geistige Prozesse, die der Handlungsplanung, Handlungsüberwachung und Handlungskontrolle dienen, d.h. mit denen das Verhalten, die Aufmerksamkeit und die Gefühle zielgerichtet gesteuert werden können.

Nutzen exekutiver Funktionen

Wir benötigen exekutive Funktionen immer dann, wenn wir uns ein Ziel setzen oder eine Aufgabe erledigen wollen. Sie helfen uns, die Aufgabe zu planen, sie rechtzeitig anzufangen, irrelevante Informationen auszublenden und zu erledigen. Deshalb werden die exekutiven Funktionen häufig mit der Arbeit eines Dirigenten (Brunsting 2011) oder eines Steuermanns (Walk/Evers 2013) verglichen.

Exekutive Funktionen sind besonders gefordert, wenn wir in einer Situation von einer gewohnten, automatisierten Denk- und Handlungsweise abweichen müssen. Viele Schwierigkeiten beim Lernen, beim Lösen von Problemen oder im sozialen Miteinander lassen sich auf (noch) ungenügend entwickelte exekutive Funktionen zurückführen.

Exekutive Funktionen – ein Regenschirmbegriff? Der Begriff beschreibt eine Vielzahl von geistigen Fähigkeiten zur Handlungsplanung und –kontrolle. Bis ins Jahr 2016 existiert keine allgemeingültige und einheitliche Definition. In der Literatur werden bis zu 30 geistige Fähigkeiten zu den exekutiven Funktionen gezählt.

DEFINITION

Das Forscherteam um Akira Miyake (2000) schlug deshalb vor, sich auf **drei grundlegende Zielfunktionen** zu konzentrieren: **Arbeitsgedächtnis** (Updating), **Inhibition** (Inhibition) und **kognitive Flexibilität** (Shifting). Diese drei Mechanismen bilden die Grundlage für komplexe exekutive Aufgaben (Miyake et al. 2000).

Im vorliegenden Buch wurde auf diese Definition zurückgegriffen. Von den meisten im Buch zitierten Wissenschaftlern sowie im Bildungsplan des Landes Baden-Württemberg wird ebenfalls diese Definition verwendet (Bauer 2015; Mischel 2015; Kubesch 2014; Walk/Evers 2013; Center on the Developing Child der Harvard University 2015 etc.).

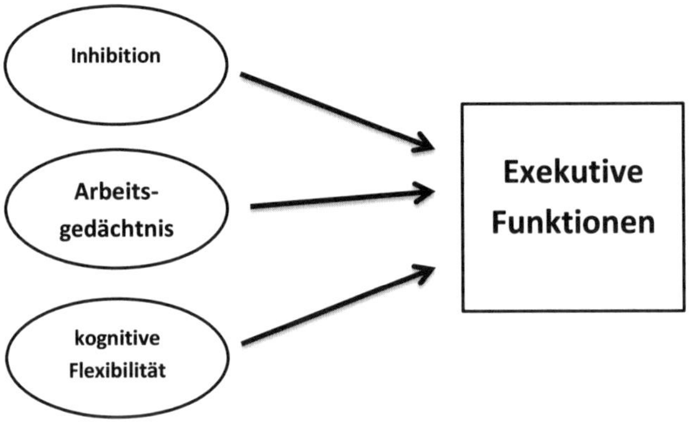

Abb. 1: Exekutive Funktionen

Arbeitsgedächtnis

Mit unserem Arbeitsgedächtnis können wir Informationen kurzfristig speichern und zur Bearbeitung aktiv aufrechterhalten. Obwohl wir nur fünf bis sieben Elemente (z.B. Zahlen, Wörter, Zeichen) für wenige Sekunden speichern können, benötigen wir das Arbeitsgedächtnis für eine Vielzahl von Anforderungen.

Arbeitsgedächtnis in der Schule

Die Anforderungen an das Arbeitsgedächtnis in der Schule bestehen vor allem in:

- **kognitiven Leistungen** wie Kopfrechnen (42 + 19 = 42 + 9 = 51 + 10 = 61)
- **Erinnerungsleistungen,** wenn die Lehrkraft die Schüler auffordert: „Holt aus eurem Fach jetzt Schere, Kleber und Wachsmalstifte!"
- **strategischem Denken,** wenn die einzelnen Arbeitsschritte im Kopf durchgegangen oder Vor- und Nachteile abwogen werden
- **Verknüpfungen mit dem Langzeitgedächtnis,** z.B. „Nenne das Verb des folgenden Satzes: ...". Um diese Aufgabe zu bewältigen, müssen die Schüler ihr Wissen über Wortarten mit dem gemerkten Satz verknüpfen.

Unterteilung des Arbeitsgedächtnisses

Das Arbeitsgedächtnis ist ein spezieller Teil des Kurzzeitgedächtnisses und wird klassischerweise unterteilt in die „Zentrale Exekutive" und deren Unterbereiche „visuell-räumlicher Notizblock" sowie „artikulatorische bzw. phonologische Schleife" (Müller 2013, 31).

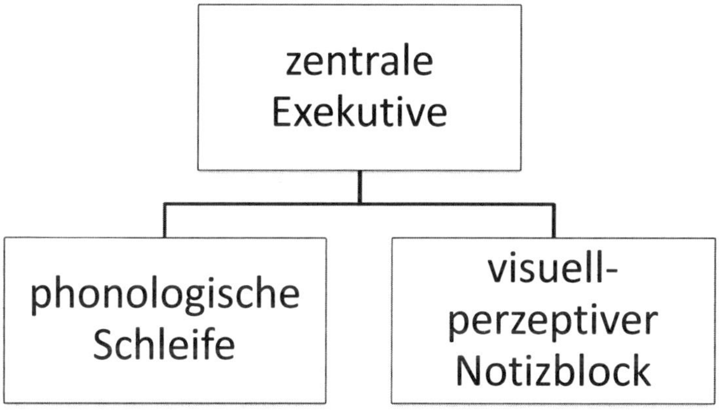

Abb. 2: Arbeitsgedächtnismodell

zentrale Exekutive

Die Zentrale Exekutive hat eine übergeordnete Rolle als Planer (Müller 2013). Sie ist für die Manipulation der gespeicherten Informationen sowie für die Kontrolle der Aufmerksamkeit zuständig.

artikulatorischer und visueller Speicher

Im artikulatorischen/phonologischen Speicher werden gehörte Informationen gespeichert und verarbeitet (z.B. Kopfrechenaufgabe oder Diktat). Im visuellen Speicher lagern wir Informationen, die wir mit dem Auge aufnehmen (z.B. etwas von der Tafel abschreiben).

Bedeutung für das schulische Lernen

Das Arbeitsgedächtnis wird also in der Schule stark gefordert. Es wird auch als Flaschenhals für das Lernen (Kubesch 2013) bezeichnet, d.h., alle Lerninhalte gelangen nur über das Arbeitsgedächtnis ins Langzeitgedächtnis. Sind

Informationen erst einmal aus dem Arbeitsgedächtnis verschwunden, müssen sie erneut ins Arbeitsgedächtnis eingegeben werden. Beim Lesen oder Rechnen muss also noch einmal von vorn angefangen werden.

Häufig werden Probleme mit dem Arbeitsgedächtnis in der Schule nicht erkannt. Die Kinder werden als faul, unaufmerksam oder uninteressiert, als typische ‚Träumerchen' wahrgenommen. Deshalb wird in Kapitel 3 ausführlicher auf die Diagnose, Fördermöglichkeiten und Hilfestellungen im Unterricht bei schwachem Arbeitsgedächtnis eingegangen.

Inhibition

zum Begriff Inhibition

Der Begriff Inhibition kommt vom lateinischen inhibere und bedeutet hemmen, zurückhalten, hindern. Diese Fähigkeit benötigen wir also immer dann, wenn wir kurz innehalten, eine geplante Handlung unterbrechen oder gar stoppen. Sie wird deshalb auch als das innere Stoppschild bezeichnet und ihre Funktion kann mit dem Ausspruch „Erst denken, dann handeln." umgangssprachlich treffend beschrieben werden.

Inhibition in der Schule

In der Schule benötigen die Kinder die Fähigkeit der Inhibition zur Impulskontrolle, z.B. damit sie mit Antworten nicht einfach herausplatzen, sondern warten, bis sie aufgerufen werden. Auch der Ablenkung durch den Banknachbarn zu widerstehen und mit der Aufmerksamkeit beim Arbeitsblatt oder der Lehrkraft zu bleiben, erfordert Inhibition. Damit ist die Inhibition ein weiterer wichtiger Faktor bei der Aufmerksamkeitssteuerung.

Eine gut funktionierende Hemmungsfunktion ermöglicht es, unangemessenes Verhalten zu unterdrücken und Emotionen zu regulieren. Kinder mit guter Inhibition sind in Konfliktsituationen eher dazu in der Lage, den Impuls zuzuschlagen zu unterdrücken und stattdessen angemessenere Verhaltensweisen einzusetzen.

Kognitive Flexibilität

Shifting

Die kognitive Flexibilität ermöglicht es uns, schnell auf neue Anforderungen oder Situationen zu reagieren (auf Neudeutsch zu 'switchen' oder im Englischen 'shifting', das übersetzt verschieben bedeutet). Im sozialen Miteinander ermöglicht sie uns, verschiedene Perspektiven einzunehmen, offen für andere Argumente zu sein und uns leichter in die Gefühlswelt des Gegenübers zu versetzen.

kognitive Flexibilität in der Schule

In der Schule wird sie beispielsweise beim Wechsel der Unterrichtsinhalte (vom Deutsch- zum Mathematikunterricht) oder der Unterrichtsorganisation (von der Gruppenarbeit mit Gesprächsbeiträgen zur Stillarbeit an einem Arbeitsblatt) benötigt. Sie ermöglicht aber auch, bei Textaufgaben die erforderlichen Grundrechenarten flexibel anzuwenden und aus Fehlern zu lernen.

1.2 Wie entwickeln sich exekutive Funktionen?

Potenzial für die Entwicklung von EF

Kinder werden nicht mit gut oder schlecht ausgebildeten EF geboren, sondern mit dem Potenzial, diese zu entwickeln. Es ist ein langsamer Prozess, der in der frühen Kindheit beginnt und über die gesamte Schulzeit bis zum Erwachsenenalter andauert. Hirnreifung und viele Erfahrungen in sinnvollen sozialen Interaktionen sowie anregende Aktivitäten, in denen die Selbstregulationsfähigkeit auf immer anspruchsvolleren Ebenen gefordert wird, helfen dabei, die exekutiven Funktionen auszubilden (Mischel 2015; Bauer 2015).

Die exekutiven Funktionen werden dem Stirnhirn (genauer gesagt dem präfrontalen Kortex) zugeordnet. Dieser Teil des Nervensystems entwickelt sich als letztes und am langsamsten. Babys und Kleinkinder reagieren deshalb impulsiv auf Reize aus ihrer Umgebung und sind noch nicht in der Lage, ihre Handlungen zu planen und die Folgen vorauszusehen. Dennoch vermuten Forscher der Harvard Universität, dass die Interaktion mit Erwachsenen bereits Babys hilft, ihre Aufmerksamkeit auf etwas zu richten, Arbeitsspeicher aufzubauen und ihre Emotionen zu regulieren (Center on the Developing Child der Harvard University 2015).

Mit der Entwicklung der Sprache beginnt die Entwicklung der exekutiven Funktionen, denn Sprache hilft uns, Gedanken und Handlungen zu strukturieren, zu reflektieren und Pläne zu machen (Center on the Developing Child der Harvard University 2015 und Bodrova/Leong 2007). Im Kindergarten kommt es zu einer schnellen und deutlichen Steigerung der exekutiven Funktionen. Besonders das Rollenspiel hilft Kindern, Pläne zu schmieden, Personen und Situationen aus unterschiedlichen Perspektiven zu betrachten und Impulse zunehmend zu kontrollieren.

Im Vorschulalter und in der Grundschule gilt es, die Kinder durch zielgerichtete und kreative Spiele und Aufgaben zu unterstützen, ihre Aufmerksamkeit weiter zu fokussieren, ihren Arbeitsspeicher aufzubauen und flexible Problemlösungen zu finden, damit sie in der weiterführenden Schule zunehmend selbstständig ihre Handlungen planen, ihr Verhalten steuern und überwachen.

Unterstützung durch Erwachsene

Da Kinder diese Fähigkeiten erst entwickeln, benötigen sie Rückmeldungen über ihr Tun, Möglichkeiten, ihre Erfahrungen und Handlungen zu reflektieren, und Hilfe bei der Planung. Eltern und Lehrkräfte spielen dabei eine entscheidende Rolle. Sie liefern das „Gerüst" (Scaffolding) zur Verhaltensregulation von Kindern. Anschließend wird dieses Gerüst sukzessive abgebaut. Mit zunehmendem Alter sind Kinder dann in der Lage, sich gegenseitig beim Einhalten von Regeln zu kontrollieren. In der dritten Stufe der Entwicklung können sie die Regeln auf sich selbst anwenden (Bodrova/Leong 2014; 2007).

1.3 Welche Bedeutung haben exekutive Funktionen?

EF und die sozial-emotionale Entwicklung

Die exekutiven Funktionen entscheiden oft, wie gut wir mit anderen auskommen. Denn wer sich nicht im Griff hat, hat häufig Schwierigkeiten mit anderen Menschen. Gute exekutive Funktionen ermöglichen Selbstbeherrschung, Mitgefühl und die Fähigkeit zum Perspektivwechsel. Damit bilden die exekutiven Funktionen eine wichtige Grundlage für die Entwicklung sozial-emotionaler Kompetenzen (Walk/Evers 2013; Fit für Lernen und Leben o. J.).

EF und Lernleistung

Exekutive Funktionen sind für die Lernleistung von zentraler Bedeutung. Sie sind für den Schulerfolg aussagekräftiger als der Intelligenzquotient, denn sie bilden die Grundlage für gelingendes Lernen. Man kann seine Potenziale (IQ) nur dann gut nutzen, wenn man in der Lage ist, sich selbst gut zu regulieren. Dazu gehört z.B., erst die Hausaufgaben zu machen und dann an den Computer zum Spielen zu gehen oder mögliche Ablenkungen durch Fernseher, Radio oder Smartphone zu vermeiden.

DEFINITION

Abgrenzung EF/Selbstregulation

Selbstregulation beschreibt die Fähigkeit, sein Verhalten, seine Gedanken, Gefühle und Handlungen zielgerichtet steuern zu können. Ihr zugrunde liegen höhere geistige Prozesse, die als exekutive Funktionen bezeichnet werden (Ministerium für Kultus, Jugend und Sport Baden-Württemberg 2016). Die Fähigkeit zur Selbstregulation ist sowohl für den Lernerfolg als auch für die sozial-emotionale Entwicklung bedeutsam.

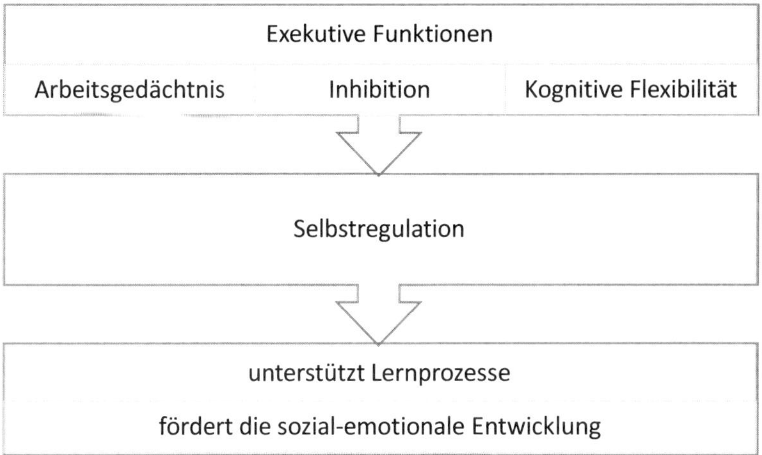

Abb. 3: Zusammenhang EF – Selbstregulation – Lernprozesse + Sozial-emotionale Entwicklung (modifiziert nach: Fit für Lernen und Leben o. J.)

2 Förderung exekutiver Funktionen im Klassenzimmer

In der Schule bilden exekutive Funktionen eine wichtige Grundlage, damit Lernen überhaupt stattfinden kann. Denn sie sind an einer Vielzahl von Prozessen im schulischen Alltag beteiligt. In einem ersten Schritt werden deshalb einige typische Unterrichtssituationen und deren Anforderungen an die exekutiven Funktionen dargestellt und reflektiert, bevor konkrete Fördermöglichkeiten aufgezeigt werden.

BEISPIEL

Die Lehrkraft stellt eine einfache **Kopfrechenaufgabe**. Die Schüler benötigen ihr Arbeitsgedächtnis, um sich die Aufgabe zu merken und sie auszurechnen. Dabei dürfen sie sich nicht von störenden Reizen ablenken lassen, z.B. von einem Tischnachbarn, der vielleicht noch nebenher mit seinem Radiergummi auf den Tisch trommelt (Inhibition). Wurde das Ergebnis ausgerechnet, ist weiterhin die Fähigkeit zur Inhibition gefordert, da die Schüler das Ergebnis nicht sofort hinausposaunen dürfen, sondern sich erst melden und warten müssen, bis sie aufgerufen werden. Während des Wartens muss das Rechenergebnis im Arbeitsgedächtnis aufrechterhalten werden. Und schließlich wird im Falle eines Nichtaufrufens erneut die Inhibition zur Emotionsregulierung benötigt.

Sollen Schülerinnen und Schüler (SuS) einen **Text von der Tafel abschreiben**, sind ihre exekutiven Funktionen gefordert. Der Text muss zunächst gelesen werden. Einzelne Sätze oder Satzglieder müssen im Arbeitsgedächtnis gespeichert werden und beim Schreibvorgang in der richtigen Reihenfolge wiedergegeben werden. Gleichzeitig muss der Schreibvorgang vom Arbeitsgedächtnis überwacht und mithilfe der Inhibition vor Ablenkung geschützt werden. Kognitive Flexibilität ist für den schnellen Wechsel vom Lesen zum Schreiben, von der Tafel zum Heft und wieder zurück verantwortlich.

BEISPIEL

Für Kinder mit einem schwachen Arbeitsgedächtnis ist der Tafelabschrieb eine Herausforderung, da sie sich oft nur sehr kleine Häppchen merken und deshalb häufig den Fokus wechseln müssen. Es besteht die Gefahr, dass sie sich in der Aufgabe verlieren. Typisch ist, dass sie für diese Aufgaben besonders viel Zeit benötigen oder teilweise ganze Wörter oder Satzteile auslassen. Eine häufige Ablenkungsform ist auch der vergleichende Blick auf schneller agierende Mitschüler, der dann zu ungünstigen Verhaltensweisen (Rumkaspern, Jammern, Selbstvorwürfe, Aufgabenstellung hinterfragen, Mitschüler ablenken) führen kann.

Im **Stuhlkreis** ist die Inhibition besonders gefordert. Informationen müssen zurückgehalten werden, bis man an der Reihe ist, und unangemessene Bewegungen müssen unterdrückt werden. Für manche Kinder ist dies deutlich schwieriger als am Platz, da hier der Bewegungsdrang nicht über andere Verhaltensweisen wie dem Herumspielen mit Gegenständen, die auf dem Tisch liegen, kompensiert werden kann. Aber auch das Arbeitsgedächtnis ist gefragt, weil es das zu Sagende so lange speichern muss, bis man an der Reihe ist. Haben andere Kinder bereits das gesagt, was man selbst erzählen wollte, dann ist kognitive Flexibilität bei der Neuformulierung angesagt.

Bereits in der zweiten Klasse wird von den Kindern gefordert, ein kleines **Referat** zu halten. Meist ist dies eine Buchpräsentation oder eine Präsentation zu einem selbstgewählten Thema wie „Mein Hobby“ oder Haustiere. Bei dieser anspruchsvollen Aufgabenstellung sind alle exekutiven Funktionen stark gefordert.

Im Vorfeld gilt es, ein Thema zu wählen, das einem selbst liegt und motivierend wirkt. Danach folgt die Planung, bei der gleichzeitig beispielsweise auf Vorwissen, benötigte Zeit und notwendiges Material geachtet werden muss. Bei der Materialsammlung geht es dann darum, sich nicht in einer Vielzahl von ausgedruckten Blättern zu verlieren, das für sich Interessante herauszufiltern und im Anschluss Prioritäten festzulegen, die für den gelingenden Ablauf des Referats maßgeblich sind. Schüler mit schlecht ausgebildeten exekutiven Funktionen brechen oft in Phasen ab, in denen ihnen erste Schwierigkeiten begegnen oder sie die Orientierung verlieren. Sie wählen schnell ein neues Thema, das dann so lange bearbeitet wird, bis sich erneut Schwierigkeiten einstellen. Parallel dazu gilt es noch, sich an die vorher abgemachten Regeln beispielsweise für die Erstellung des Plakats (Schriftgröße, nur Stichwörter etc.) zu erinnern.

BEISPIEL

Die Bewältigung von Mehrfachaufgaben ist auch während des Präsentierens gefragt: Wesentliche Vorgaben (Blickkontakt, Stand, anschauliche Sprache etc.) müssen parallel zur laufenden Aktion im Arbeitsgedächtnis behalten werden. Grinsende, herumkaspernde oder tuschelnde und damit störende Mitschüler müssen ausgeblendet werden, damit sie den Sprecher nicht aus dem Konzept bringen. Zudem ist ein schneller Fokuswechsel (von den Zuhörern zum Plakat und wieder zurück) gefragt. Bei der anschließenden Besprechung und Feedbackphase wird bei kritischen Anmerkungen ebenfalls Inhibition und auch Arbeitsgedächtnis benötigt, um Verbesserungsvorschläge in das eigene Repertoire aufnehmen zu können.

Solche Situationen sind typisch und kommen ständig im Unterrichtsalltag vor. Bei allen Situationen benötigen die Kinder eine Vielzahl an exekutiven Funktionen. Und wenn man bedenkt, dass der Einsatz der exekutiven Funktionen bereits in einem so frühen Stadium der kindlichen Entwicklung vonnöten ist, dann ist es als Lehrkraft sinnvoll, den Fokus immer wieder auf die benötigten exekutiven Funktionen zu lenken.

herausforderndes Verhalten als Ausdruck wenig entwickelter EF

Es sind gerade Kinder mit schwach ausgebildeten exekutiven Funktionen, die die Arbeit in der Schule manchmal so anstrengend machen. Wie oft hört man bei Lehrerfortbildungen von Kolleginnen, sie würden eigentlich gerne unterrichten, aber einen Großteil der Unterrichtszeit würden sie für organisatorische Aufgaben oder gar Maßregelungen verwenden müssen.

Genau in diesen Situationen gilt es, einen Abgleich zwischen den geforderten kognitiven Leistungen und den vorhandenen exekutiven Funktionen der SuS vorzunehmen, um erkennen zu können, was der einzelne Schüler zur Bewältigung der anstehenden Aufgaben braucht.

Aufmerksamkeit und EF

Eine häufig gehörte Forderung in der Schule ist die Forderung nach Aufmerksamkeit, denn je aufmerksamer ein Kind im Unterricht ist, desto besser wird es bestimmte Inhalte behalten. Doch was bedeutet Aufmerksamkeit?

DEFINITION

Unter **selektiver Aufmerksamkeit** versteht man die „Fähigkeit zur Entnahme und Verarbeitung relevanter Reize bei gleichzeitiger Unterdrückung von Disktraktoren" (Grob et al. 2009, 20).

Es geht bei der selektiven Aufmerksamkeit darum, sich bestimmten Sachverhalten oder Reizen zuzuwenden und andere auszublenden (Spitzer 2002). Und damit geht es wieder um die exekutiven Funktionen: Das Arbeitsgedächtnis wird benötigt, um die Informationen aufrechtzuerhalten. Zusätzlich erfordert das Fokussieren gleichzeitig das Ignorieren von Störreizen und damit die Inhibition, während die kognitive Flexibilität es ermöglicht, notwendige Regeln variabel anzuwenden. Also immer, wenn wir Kinder auffordern, aufmerksam zu sein, fordern wir sie auf, ihre exekutiven Funktionen einzusetzen.

Wir benötigen exekutive Funktionen also nicht nur, um aufmerksam zu sein sowie beim Lesen, Schreiben und Rechnen, sondern auch in allen allgemeinen Situationen im Unterrichts- und Schulalltag. Sie wirken damit direkt auf das Lern- und Klassenklima ein.

Selbstregulationsfähigkeit und äußere Faktoren

In der Forschung ist man sich einig, dass die exekutiven Funktionen und damit die Selbstregulationsfähigkeit gezielt gefördert werden können. Roy Baumeister (2015) vergleicht die Fähigkeit der Selbstregulation mit der Funktionsweise eines Muskels: Durch regelmäßige, niedrig dosierte und gezielt eingesetzte Übungen kann die Selbstregulation trainiert und deutlich verbessert werden. Überbeanspruchung, Hunger oder Stress beeinflussen selbstregulierendes Handeln und führen zu Ermüdung und kurzfristiger Erlahmung.

Dies erklärt auch, warum sich Kinder in bestimmten Situationen hervorragend regulieren können (z.B. bei einem Spiel im Sportunterricht) und am nächsten Tag das gleiche Spiel mit der gleichen Klasse überhaupt nicht funktioniert und abgebrochen werden muss, weil die Schüler zuvor z.B. eine anstrengende Mathearbeit geschrieben haben und ermüdet sind. Als Lehrkraft gilt es, diese Begleitumstände und Rahmenbedingungen im Blick zu behalten, damit Fördermaßnahmen gut greifen können.

Förderung auf verschiedenen Ebenen

Eine Förderung der exekutiven Funktionen kann auf verschiedenen Ebenen erfolgen.

1. indirekt durch unterstützende Maßnahmen, sozusagen durch Schaffen eines Grundgerüsts, in dem Kinder selbstreguliertes Verhalten üben können (Kap. 2.1)
2. gezielt eingesetzte Spiel- und Übungsformen, z.B. kognitiv (am Computer), spielerisch (Spielesammlung in Kap. 2.2) oder körperlich (Kap. 4)
3. direkte Vermittlung (Kap. 3)

Diamond und Lee (2014) konnten nachweisen, dass sich exekutive Funktionen im Kindergarten und in der Schule ohne teure, hochtechnische Ausstattung im regulären Unterricht verbessern lassen.

alle Kinder profitieren von einer Förderung

Von einer Förderung profitieren alle Kinder (Bodrova/Leong 2014), besonders jedoch die Kinder mit schwachen exekutiven Funktionen. Der berüchtigte „Matthäus-Effekt" (Wer hat, dem wird gegeben), bei dem nur die guten Schüler profitieren, tritt also hier nicht auf.

Welche Maßnahmen stehen nun zur Verfügung? Zunächst wird mit eher allgemeinen, unterstützenden Maßnahmen, die viele Lehrkräfte bereits intuitiv ergreifen, begonnen. Sinn dieser Aufzählung ist es, diese Maßnahmen als Beispiele zur Unterstützung der Selbstregulation bewusst zu machen, damit sie gezielt eingesetzt werden.

Anschließend werden verschiedene Spiel- und Übungsmöglichkeiten aufgezeigt, mit denen sich die exekutiven Funktionen im Rahmen des regulären Unterrichts gezielt fördern lassen.

2.1 Unterstützende Maßnahmen

Bereits relativ einfache Maßnahmen können Grundschulkindern helfen, ihre Fähigkeiten zur Selbstregulation im Unterricht und in der Schule zu trainieren.

Scaffolding

Lehrkräfte können die Kinder indirekt unterstützen, ihre Selbstregulation zu entwickeln, indem sie ein hilfreiches Grundgerüst schaffen (engl. scaffolding).

vom Äußeren zum Inneren

Eine Intervention verläuft in drei Stufen und immer vom Äußeren zum Inneren (Dawson 2012). Zunächst werden die äußeren Faktoren oder das Umfeld so geändert, dass ein selbstreguliertes Verhalten unterstützt wird. Erst in der zweiten Stufe wird auf das Verhalten der Kinder selbst eingewirkt. In der dritten Stufe werden bestimmte Konsequenzen wie Belohnung oder Strafe angekündigt.

Denkanstöße zur Veränderung der Umwelt

So banal es klingen mag, aber häufig tragen einfachste, auch unter der Rubrik ‚Classroom Management' eingestufte Basics, die ab und zu aus dem Blickfeld geraten, zu einer deutlichen Verbesserung selbstregulierten Handelns bei.

Sitzordnung im Klassenzimmer: Passt die Anordnung der Tische im Klassenzimmer zu den Fähigkeiten der SuS? Gibt es einzelne Kinder die bei der derzeitigen Sitzordnung Schwierigkeiten haben? Wenn ja, wo sitzen diese

Kinder? Und was würde sich ändern, wenn die Kinder an einem anderen Platz (z.B. näher bei der Lehrkraft) sitzen würden?

Sitznachbarn: Kinder suchen sich natürlich gerne selbst ihre Sitznachbarn aus. Trotz aller Freundschaft unter den Kindern gibt es Kinder, die sich gegenseitig im Unterrichtsgeschehen gut unterstützen und zusammenarbeiten, während andere sich gegenseitig ablenken, sodass es sinnvoll sein kann, diese Konstellation zu verändern. Sehr spannend ist es, diese Überlegungen mit den Kindern gemeinsam zu besprechen.

Unterstützung durch einfache Hilfsmittel (Walk/Evers 2013): Viele Lehrkräfte wissen um die Herausforderung des Sich-zurückhaltens im Stuhlkreis und unterstützen die Kinder, indem sie einen Redestein oder ähnliche Gegenstände einsetzen, d.h., es redet nur das Kind, das den Stein o.Ä. in der Hand hält.

Ablenkungen reduzieren durch Wegräumen: Welche Gegenstände befinden sich zu Beginn des Unterrichts auf dem Tisch? Häufig werden aktuelle Sammelkarten oder kleine Spielzeuge mit in die Schule gebracht. Diese werden dann während des Unterrichts auf das Mäppchen gelegt oder müssen unbedingt mit in den Sportunterricht genommen werden. So ziehen sie immer wieder die Aufmerksamkeit der Kinder auf sich und sind ein Quell stetiger Ablenkung. Auch Unterrichtsmaterialien wie Hefte, Schulbücher oder Bastelutensilien aus vorausgegangenen Stunden sind wunderbare Ablenkungen, die die Fokussierung auf aktuelle Belange erschweren. Es ist daher sinnvoll, zu Beginn der Unterrichtsstunde wirklich alle nicht benötigten Dinge wegräumen zu lassen.

Soziale Mischung bei Gruppenarbeiten: Mit allen SuS der Klasse zusammenarbeiten zu können, ist ein wünschenswertes Ziel und eine wichtige Entwicklungsaufgabe. Dennoch kann es Sinn ergeben, in Einzelfällen einzugreifen und die soziale Dynamik zu verändern. Manchmal arbeitet beispielsweise Schüler X mit allen Kindern gut zusammen, solange Schüler Y nicht im selben Team ist. Je nach Gruppe und Klasse ist es daher durchaus legitim, die soziale Dynamik zu verändern.

richtige Dosierung für Regulierung finden

Es ist jedoch wichtig, die Kinder nicht zu sehr zu regulieren. Es gilt, die Kinder durch die Vorgabe eines Grundgerüstes so lange zu unterstützen und zu regulieren, bis sie die benötigten Fähigkeiten erworben haben, um dann die Interventionen sukzessive zu reduzieren.

Denkanstöße zur Veränderung der Aufgabe

Salamitaktik: Die sogenannte Salamitaktik kommt ursprünglich aus dem Stressmanagement und wird oft beim Zeitmanagement eingesetzt. Sie besagt im Prinzip nichts anderes, als dass eine komplexe Aufgabe in kleinere Teilaufgaben zerlegt, also scheibchenweise erledigt wird.
Für Kinder mit schwachen exekutiven Funktionen, besonders mit schwachem Arbeitsgedächtnis, kann so die Arbeitsgedächtnislast reduziert und ein erfolgreiches Lernen ermöglicht werden. Gelegentlich kann auch eine Begrenzung der Zeit hilfreich sein. Vor allem für Kinder, die Schwierigkeiten haben, an einer Aufgabe dranzubleiben, kann es hilfreich sein, wenn sie das Ende bereits bei Aufgabenbeginn absehen können.

Belohnung: Eine Aufgabe erscheint wesentlich angenehmer und wird bereitwilliger erledigt, wenn die positiven Folgen oder die Belohnung in den Fokus gerückt werden. Wie häufig bekommen SuS jedoch solche oder ähnliche Formulierungen zu hören: „Wenn du den Text nicht abgeschrieben hast, darfst du auch nicht in die Pause gehen."? Oder: „Solange ihr euch nicht an die Regeln halten könnt, dürft ihr auf dem Pausenhof nicht Fußball spielen." Bei diesen Formulierungen werden zunächst die Bedingungen und Mühen in einer Negativformulierung betont. Durch kleine Umformulierungen lässt sich der Zugang zu einer erwünschten Aktivität positiv in Aussicht stellen (Dawson 2012, 147). Das kann Kindern helfen durchzuhalten. Positiv umformuliert könnten die oben genannten Beispiele also lauten: „Jetzt schreibst du den Text noch voll ab und dann darfst du in die Pause gehen." Oder: „Sobald ihr euch an die abgemachten Regeln halten könnt und keinen Schiedsrichter mehr braucht, dürft ihr auf dem Pausenhof Fußball spielen."

Advance Organizer: Geben Sie den Kindern zu Beginn eine Übersicht über den Tagesablauf oder den geplanten Ablauf der Stunde. Wenn möglich, visualisieren Sie den Tagesplan. Die Kinder wissen dann, was auf sie zukommt, und sie entwickeln leichter ein Gefühl für Regelmäßigkeit. Mit der Zeit platzen die Kinder dann auch weniger mit Fragen wie „Machen wir heute noch ...?" heraus. Sie wissen ja bereits, was auf sie zukommt.

Rituale: Wenn wiederkehrende Aufgaben ritualisiert ablaufen, gibt das Sicherheit und Orientierung. Das Gehirn sucht automatisch ständig nach Regeln. Kubesch et al. (2016) bezeichnet daher das Gehirn auch als „Regelextraktor".

BEISPIEL

In der Klasse wird jeden Montag in der ersten Stunde ein **Erzählkreis** durchgeführt, bei dem die Kinder von ihrem Wochenende erzählen dürfen. Anschließend verschriften sie ihre Erlebnisse gemäß ihren Fähigkeiten. Das mit Bleistift geschriebene Konzept wird mithilfe der Lehrkraft überarbeitet und anschließend fehlerfrei ins Heft übertragen. Das Malen eines passenden Bildes rundet die Aufgabe ab.

Denkanstöße zur Veränderung der Interaktion

Häufig sind es ähnliche Situationen, in denen es Kindern schwerfällt, sich selbstreguliert zu verhalten. Als Lehrkraft besteht hier die Möglichkeit, die Interaktion mit den SuS vor, während und nach problematischen Situationen im Blick zu behalten und so zu strukturieren, dass Selbstregulation geübt werden kann.

1. **Vor einer Situation:** Eine genauso einfache wie wirkungsvolle Methode sind verbale oder visuelle Erinnerungshilfen. Sie werden angewendet, bevor eine Situation eintritt.

BEISPIEL

Bevor die Klasse durch das Schulhaus in Richtung Sporthalle geht, könnte der **Hinweis der Lehrkraft** lauten: „Denkt bitte daran, wir gehen langsam, leise und jeder für sich in die Sporthalle." Eine **visuelle Erinnerungshilfe** in Form einer To-do-Liste kann Kindern mit einem schwachen Arbeitsgedächtnis zielgerichtetes Arbeiten erleichtern, indem es die Arbeitsgedächtnislast reduziert.

2. **Während einer Situation:** Während der Situation kann es dennoch nötig sein, die Kinder an die verabredeten Regeln zu erinnern oder Erinnerungshilfen einzusetzen.
3. **Nach einer Situation:** Damit die SuS für die nächste Situation lernen können, ist es sinnvoll, direkt nach Situationen, in denen die exekutiven Funktionen gefordert waren, das Verhalten der Kinder zu besprechen. Lob über bereits eingesetzte Funktionen bestärken die Kinder, sich in entsprechenden Situationen erneut so zu verhalten.

BEISPIEL

Im **Sportunterricht** wird ein Abwurfspiel gespielt. Einige Schüler wechseln direkt nach dem Abwurf die Spielfeldseite, ohne dass die Lehrkraft darauf hinweisen und auf die Einhaltung der Regeln pochen muss. Direkt nach dem Spiel wird das Verhalten reflektiert. Es wird besprochen, welche Fähigkeiten bei den Schülern notwendig waren (Inhibition) und die SuS werden für das beobachtete Verhalten gelobt.

Die amerikanischen Wissenschaftlerinnen Leong und Bodrova arbeiten mit diesem Prinzip bereits seit den 1990er Jahren sehr erfolgreich. Ihr Programm Tools of the Mind beruht auf der Theorie von Leo Vygotsky und wurde bei über 60.000 Kindergartenkindern erfolgreich angewendet (Bodrova/Leong 2016). In Kindergärten, in denen mit dem Tools-of-the-Mind-Curriculum gearbeitet wurde, gingen die Zahlen der Kinder, die aufgrund von Verhaltensproblemen die Einrichtung verlassen mussten, deutlich zurück (Bodrova/Leong 2007).

2.2 Spiel- und Übungsformen im Fachunterricht

Durch Spiele können die exekutiven Funktionen auf effektive Art und Weise gefördert werden (Dawson 2012). Brunsting (2011) bezeichnet sie als die motivierendsten Trainingsformen, da hier zusätzlich das Belohnungs- und Motivationssystem angesprochen werden. Bei positiven Emotionen und Erlebnissen wird im Gehirn der Botenstoff Dopamin ausgeschüttet. Dopamin funktioniert unter anderem als „Türöffner für neue Gedächtnisinhalte am Hippocampus, über die sie ins Langzeitgedächtnis gelangen" (Beck 2014, 43).

Auch die Sorge, dass durch den Einsatz von gezielten Spielen wichtige Zeit zur Vermittlung des Lernstoffes verloren gehen könnte, wurde von Diamond und Lee (2014) widerlegt. Es scheint eher so zu sein, dass das Spiel beim Lernen hilft, da durch geschickt eingesetzte Spielphasen die Motivation und Konzentrationsfähigkeit durch die Dopaminausschüttung erhöht wird. Es folgen einige allgemeine pädagogische Hinweise für die Anwendung der Spiel- und Übungsformen (Stuber-Bartmann 2015; Kubesch 2016):

- regelmäßig üben und spielen (möglichst täglich, ‚Übung macht den Meister')

- einfach beginnen (Erfolgserlebnisse schaffen und erst, wenn die Übung bewältigt wird, steigern)
- langsam steigern (vor allem bei jüngeren Kindern kleinschrittig vorgehen)
- Herausforderungen bieten durch Varianten
- klare Spielansagen und Aufforderungen (siehe fünf K's der Aufforderung)
- mit Spaß üben (Spielsituationen sind Situationen mit hohem Aufforderungscharakter und positive Emotionen sind lernförderlich.)

Die fünf K's der Aufforderung verdeutlichen, wie Spielansagen optimal und verständlich gestaltet werden können (Winter 2010):

- **Kontakt** (Blickkontakt zu den SuS aufnehmen und so ihre Aufmerksamkeit sichern)
- **Kurz** (so knapp wie möglich, so ausführlich wie nötig)
- **Klar**
- **Konsequent** (Aufforderungen und Ansagen so formulieren, dass das erwünschte Verhalten benannt wird)
- **Kontrolle** (rückversichern, ob die Anweisung von allen verstanden wurde, ggf. nochmals von den Schülern wiederholen lassen)

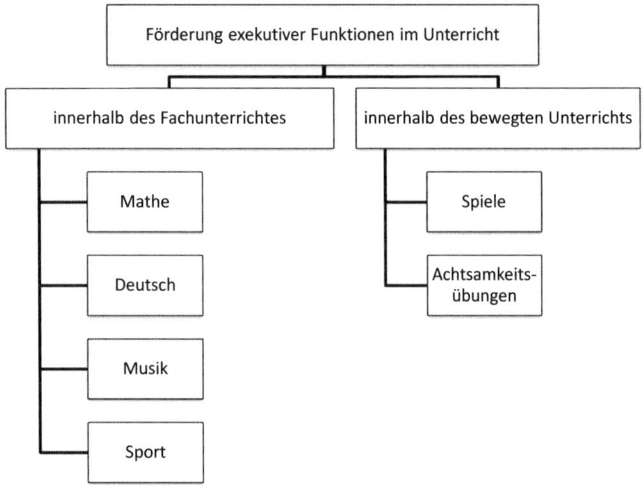

Abb. 4: Überblick über Einsatzmöglichkeiten der Spiel- und Übungsformen im Unterrichtsalltag

Spielformen für den Deutschunterricht

Spiel 1: Wörterschatzsuche

Orga-Form: ganze Klasse oder Kleingruppe
Dauer: 5 Min.

Material: bei Bedarf kleine Zettel

Vorbereitung: Die Lehrkraft überlegt sich einen Satz, der in der Länge an das Merkvermögen der SuS angepasst ist, d.h. je jünger die Kinder sind, desto weniger Wörter sollten verwendet werden. Einige Kinder werden zu Wörtersammlern und verlassen kurz das Klassenzimmer. Je nach Klassengröße können das zwei bis vier Kinder sein. Die einzelnen Wörter des Satzes werden auf die Kinder verteilt, indem die Lehrerin den Kindern die Wörter ins Ohr flüstert oder auf kleinen Zetteln notiert.

Spielablauf: Die Kinder bewegen sich durch den Raum. Aufgabe der Wörtersammler ist es, alle gesuchten Wörter zu sammeln und gemeinsam am Ende der Zeit den Satz zu bilden. Sobald ein Wörtersammler ein Kind antippt, nennt das Kind sein Wort. Diejenigen Kinder, die sich in diesem Durchgang kein Wort merken mussten, schütteln den Kopf, wenn sie angetippt werden. Nach einer verabredeten Zeit beendet die Lehrkraft das Wörtersammeln. Die Wörtersammler versuchen, aus den gemerkten Wörtern einen korrekten Aussagesatz zusammenzusetzen.

FÖRDERZIELE

- Leistungsfähigkeit des Arbeitsgedächtnisses verbessern
- Kognitive Flexibilität

Spiel 2: Lernwörter buchstabieren

Material: nichts

Orga-Form: ganze Klasse oder Einzelförderung, ab Klasse 2
Dauer: 5–10 Min.

Spielablauf: Stufe 1: Die Lehrkraft nennt ein Lernwort. Die Kinder merken sich das Wort und buchstabieren es in Gedanken. Anschließend ruft die Lehrkraft ein Kind auf, das das Lernwort buchstabieren darf.

Hinweis: In Klasse 1 wird das Wort noch lautiert.

Stufe 2: Die Lehrkraft nennt erneut ein Lernwort. Dieses wird nun zunächst vorwärts und anschließend rückwärts buchstabiert.

Hinweis: Stufe 2 ist in der Regel frühestens ab dem Ende der Klasse 2 möglich, wenn erste orthografische Kenntnisse vorhanden sind.

Nase: n-a-s-e und e-s-a-n

Stufe 3: In dieser Runde werden beim Buchstabieren des genannten Lernwortes nur die Konsonanten nacheinander ausgesprochen, die Vokale inhibiert.

Hinweis: Hier hilft den Kindern meist der Hinweis, dass die Vokale nur in Gedanken oder lautlos gesprochen werden.

Nase: n-s

Stufe 4: In der letzten Stufe werden die Lernwörter zunächst wieder in Gedanken buchstabiert. Anschließend werden die Lernwörter in einzelne Buchstaben zerlegt und alphabetisch wiedergegeben.

Nase: a-e-n-s

FÖRDERZIELE

- Leistungsfähigkeit des Arbeitsgedächtnisses verbessern

Hinweis: Bei dieser Spielform ist das Arbeitsgedächtnis stark gefordert. So muss zunächst das Wort auf orthografische Regeln überprüft werden, d.h., das zu buchstabierende Wort wird mit den Rechtschreibregeln, die bereits im Langzeitgedächtnis abgespeichert sind, verknüpft und abgeglichen.

Anschließend ist die phonologische Schleife beim Wiederholen des Wortes gefragt. Muss das Wort rückwärts buchstabiert werden, ist zusätzlich noch die zentrale Exekutive gefordert. Besonders bei jüngeren Kindern sollte daher zunächst mit einfachen, kurzen Wörtern, die lautgetreu geschrieben werden, begonnen werden (z.B. Oma, Nase).

Spielformen für den Mathematikunterricht

Spiel 3: Zahlen hören

Orga-Form: ganze Klasse
Dauer: 10 Min

Material: nichts

Vorbereitung: Folgende Zeichen werden z.B. verabredet:

- Einer = Klatschen
- Zehner = Schnipsen
- Hunderter = Stampfen

Spielablauf: Stufe 1: Die Lehrkraft klatscht zwischen ein- und neunmal. Die SuS merken sich die Anzahl und nennen diese nach Aufforderung durch die Lehrkraft.

Stufe 2: Lehrkraft schnipst zuerst die Zehner und direkt im Anschluss klatscht sie die Einer.

Hinweis: Die Stufe 2 ist erst ab Klasse 2 sinnvoll, nachdem der Zahlenraum bis 100 erweitert wurde.

> 2 x schnipsen und 5 x klatschen = 25

Die SuS müssen nun die Zehner im Arbeitsgedächtnis speichern und nach den Einern in Gedanken bearbeiten, um die richtige Zahl zu nennen.

Stufe 3: Die Arbeitsgedächtnislast kann weiter erhöht werden, wenn nun einfache Rechenaufgaben vertont werden.

Hinweis: Sollte dieser Schritt für die Schüler noch zu schwer sein, kann folgender Zwischenschritt eingefügt werden. Die SuS hören die Aufgabe vollständig an. Dann schreiben sie die Aufgabe auf ein Blatt und rechnen sie aus.

> Einmal schnipsen und dreimal klatschen plus fünfmal schnipsen und sechsmal klatschen (13 + 56 = 69)

Stufe 4: Der Ablauf ist wie in Stufe 3. Es werden jedoch alle vier Grundrechenarten flexibel angewandt, sodass die SuS flexibel zwischen den Aufgabenstellungen hin und her wechseln und dadurch zusätzlich ihre kognitive Flexibilität trainieren.

FÖRDERZIELE

- Leistungsfähigkeit des Arbeitsgedächtnisses verbessern (Phonologische Schleife)
- Inhibition steigern
- Kognitive Flexibilität (ab Stufe 4)

Spiel 4: Zahlenreihen

Orga-Form: ganze Klasse oder Einzelförderung
Dauer: ca. 5 Min.

Material: Kopiervorlage „Zahlenreihen"

Vorbereitung: Die SuS legen einen Stift und ein Blatt Papier bereit. Die Lehrkraft kann entweder die Zahlenreihen der Kopiervorlage verwenden oder die genannten Zahlen an der Tafel notieren.

Spielablauf: Stufe 1: Die Lehrkraft liest langsam und deutlich die gewünschte Zahlenreihe vor. Wichtig ist: Die Anzahl der Items sollte sich am Alter der Kinder orientieren (bei Klasse 1 anfangs mit zwei Zahlen beginnen). Die SuS wiederholen die Zahlen in Gedanken und schreiben die Zahlenfolge dann auf. Sie signalisieren ihre Bereitschaft zum Weitermachen, indem sie den Stift hinlegen und zur Lehrkraft schauen.

Stufe 2: Durch mehr Zahlen wird die Arbeitsgedächtnislast erhöht.

Stufe 3: Nach dem Hören der Zahlen machen die Kinder fünf Kniebeugen oder fünf Hampelmänner und schreiben dann die Zahlenfolge auf.

Stufe 4: Die zentrale Exekutive des Arbeitsgedächtnisses wird herausgefordert, wenn die Zahlen rückwärts aufgeschrieben werden müssen. Bei der Zahlenfolge 1-4-7 schreiben die SuS 7-4-1 auf. (Hier wieder erst mit wenigen Items anfangen.)

Stufe 5: Die SuS merken sich die Zahlenreihe, schreiben aber nur die geraden oder ungeraden Zahlen auf (z.B. von 5 – 6 – 9 – 2 nur 5 – 9). Diese Variante ist deutlich schwieriger, da das Gemerkte noch mit Gelerntem aus dem Langzeitgedächtnis abgeglichen werden muss (Was ist eine gerade oder ungerade Zahl?).

FÖRDERZIELE

- Leistungsfähigkeit des Arbeitsgedächtnisses verbessern
- Inhibition steigern (Wird die Übung im Klassenverband durchgeführt, wird es einigen Kindern sehr schwerfallen, nicht sofort die Zahlen laut zu wiederholen.)

Spiel 5: Die verbotene Zahl

Orga-Form: ganze Klasse oder Kleingruppe
Dauer: ca. 15 Min.

Material: nichts

Vorbereitung: Zunächst wird eine verbotene Zahl vereinbart. Diese darf beim nachfolgenden Zählen nicht mehr genannt werden, sondern wird durch ein vorher verabredetes Zeichen ersetzt.

Spielablauf: Stufe 1: Verabredet wird z.B., dass die Ziffer 3 durch ein Klatschen ersetzt wird.

1–2–Klatsch–4–5– ... 12–Klatsch–14 etc.

Stufe 2: Alle Zahlen, die durch 3 teilbar sind, werden durch ein Stampfen ersetzt.

Stufe 3: Beide vorhergegangenen Stufen werden kombiniert (1 – 2 – Klatsch + Stampf – 4 – 5 – Stampf – 7 – 8 – Stampf – 10 – 11 – Stampf – Klatsch – 14 – Stampf – 16 etc.).

FÖRDERZIELE

- Leistungsfähigkeit des Arbeitsgedächtnisses verbessern
- Inhibition steigern

Spiel 6: Wie viel?

Orga-Form: ganze Klasse in Partnerarbeit
Dauer: 5–10 Min.

Material: nichts

Vorbereitung: Die Kinder finden sich partnerweise zusammen. Ähnlich wie bei Schnick-Schnack-Schnuck bewegen die Kinder die zu einer Faust geballte Hand und sagen „fer-tig-los“. Bei „los“ strecken sie eine beliebige Anzahl Finger aus.

Spielablauf: Stufe 1: Bei „los" addieren die Kinder die Anzahl der gestreckten Finger und nennen die Zahl. Die kleinste mögliche Zahl ist Zwei, die größtmögliche Zahl ist hier Zehn.

Hinweis: Besonders geeignet ist dieses Spiel in Klasse 1, in der Zahlzerlegung und Rechnen bis 10 ein wichtiger Schritt zur Ausbildung und Stabilisierung des Zahlbegriffs ist.

Stufe 2: Beide Hände sind erlaubt. Es erfolgt eine Erweiterung in den Zahlenraum bis 20.

Stufe 3: Ende Klasse 2 bzw. in Klasse 3 können die gezeigten Zahlen auch multipliziert werden.

FÖRDERZIELE

- Kognitive Flexibilität
- Leistungsfähigkeit des Arbeitsgedächtnisses verbessern

Spiel 7: Größer – kleiner – gleich

Orga-Form: ganze Klasse in Partnerarbeit
Dauer: ca. 10 Min.

Material: nichts

Vorbereitung: Es wird nach den Regeln des Spieles „Wie viel?" gespielt (Spiel 6).

Spielablauf: Die einzelnen Finger der Hand werden nicht addiert oder multipliziert, stattdessen vergleichen die Spieler die Anzahl ihrer Finger.

Stufe 1: Das Kind mit der geringeren Anzahl der Finger berührt schnell den Boden. Das Kind mit der größeren Zahl macht einen Strecksprung. Bei gleicher Zahl wird nichts gemacht.

Stufe 2: Nun werden die Aufgaben umgedreht. Bei der kleineren Zahl wird ein Strecksprung gemacht und bei der größeren Zahl der Boden berührt.

FÖRDERZIELE

- Inhibition steigern
- Kognitive Flexibilität

Hinweis: Mit dieser kleinen Bewegungspause können Sie einerseits die exekutiven Funktionen Ihrer Schüler trainieren und sich andererseits schnell einen Überblick verschaffen, ob Ihre SuS bereits die Begrifflichkeiten größer, kleiner und gleich verinnerlicht haben und anwenden können. Erfahrungsgemäß versuchen schwache Schüler, das Verhalten der stärkeren Schüler zu kopieren, was bei diesem Spiel nicht zielführend ist.

Spielformen für den Musikunterricht

Spiel 8: Bruder Jakob

Materialien: nichts

Orga-Form: ganze Klasse
Dauer: 5–10 Min.

Vorbereitung: Das Lied „Bruder Jakob" wird mit den Kindern geübt, ggf. auch schon als Kanon.

Spielablauf: Den einzelnen Sequenzen des Liedes werden Bewegungen zugeordnet:

- „Bruder Jakob, Bruder Jakob" = in die Hände klatschen
- „schläfst du noch" = mit den Fingern schnipsen
- „hörst du nicht die Glocken" = auf die Oberschenkel klatschen
- „ding, dang, dong" = mit dem Fuß stampfen

Stufe 1: Das Lied wird mit Bewegungen kombiniert.

Stufe 2: Die Klasse wird in zwei bzw. vier Kleingruppen aufgeteilt. Das Lied wird nun mit Bewegungen im Kanon gesungen.
Stufe 3: Das Lied wird nur in Gedanken gesungen, die Bewegungen werden aber ausgeführt.

Stufe 4: Die Klasse wird erneut in zwei bzw. vier Kleingruppen aufgeteilt. Das Lied wird als Kanon in Gedanken gesungen, nur die Bewegungen werden ausgeführt.

Stufe 5: Die Kinder singen. Wenn die Lehrkraft den Arm hebt, wird genau ab diesem Moment nur mit den Bewegungen weitergemacht. Sobald der Arm der Lehrkraft absinkt, wird wieder gesungen.

FÖRDERZIELE

- Inhibition steigern (Stufe 1 bis 4)
- Kognitive Flexibilität (ab Stufe 5)

Spiel 9: Sprechvers: Sitzt ein Kuckuck auf dem Baum

Orga-Form: ganze Klasse oder Kleingruppe
Dauer: 5 Min.

Material: nichts

Vorbereitung: Mit den Kindern wird folgender Sprechvers rhythmisch gesprochen:

Sitzt ein Kuckuck auf dem Baum,

kommt ein Hai vorbei.

Sagt der Hai „Kuckuck“

und der Kuckuck sagt „Hai“ zum Hai.

Spielablauf: Stufe 1: Das Wort Kuckuck wird durch ein Klatschen ersetzt. Alle anderen Wörter werden normal gesprochen.

Stufe 2: Das Wort Kuckuck wird wieder ausgesprochen, jetzt wird nur das Wort Hai durch ein Stampfen ersetzt.

Stufe 3: Nun wird weder das Wort Kuckuck noch das Wort Hai ausgesprochen, stattdessen werden beide durch die richtige Bewegung ersetzt.

Stufe 4: Richtig schwierig wird es, wenn die Bewegungen getauscht werden, also beim Wort Kuckuck wird gestampft und beim Wort Hai geklatscht.

Stufe 5: In der letzten Stufe wird der Spruch nicht mehr von allen Kindern gleichzeitig rhythmisch gesprochen, stattdessen nennt jedes Kind nur ein einziges Wort. Die Wörter Kuckuck und Hai dürfen jedoch nicht ausgesprochen werden, sondern werden durch die eingeführten Bewegungen ersetzt. Hier muss nun jedes Kind permanent aufmerksam sein, den Sprechvers im Arbeitsgedächtnis aufrechterhalten und mit dem aktuellen Stand vergleichen, um das richtige Wort zu nennen (oder die richtige Bewegung zu machen), wenn es an der Reihe ist.

FÖRDERZIELE

- Inhibition steigern (Stufe 1 bis 3)
- Kognitive Flexibilität (ab Stufe 5)
- Selektive Aufmerksamkeit (ab Stufe 5)

2.3 Allgemeine Spiele im Klassenzimmer zur Förderung exekutiver Funktionen

Spiel 10: Gegenteilspiel

Orga-Form: ganze Klasse
Dauer: ab 5 Min.

Material: nichts

Vorbereitung: Alle Kinder stehen auf. Es werden folgende Begriffe mit Bewegung eingeführt und geübt:

- schnips = mit Daumen und Mittelfinger ‚schnalzen'
- klatsch = mit den Händen auf Oberschenkel klatschen
- stampf = mit Fuß auf den Boden stampfen

Spielablauf: Stufe 1: Beim Kommando schnips wird nun auf die Oberschenkel geklatscht und beim Kommando klatsch mit den Fingern geschnipst.

- klatsch = mit den Fingern schnipsen
- schnips = auf die Oberschenkel klatschen

Stufe 2: Das dritte Kommando wird hinzugenommen. Dabei wird die Bewegung zum Kommando um eine Ebene nach unten verschoben.

- schnips = auf Oberschenkel klatschen
- klatsch = mit Fuß stampfen
- stampf = mit Finger schnipsen

Stufe 3: Nun wird noch die Sprache hinzugenommen, d.h., beim Kommando schnips wird auf den Oberschenkel geklatscht und stampf gesagt (sehr schwer!!!).

- schnips = auf Oberschenkel klatschen und „stampf" sagen
- klatsch = mit Fuß aufstampfen und „schnips" sagen
- stampf = mit Fingern schnipsen und „klatsch" sagen

FÖRDERZIELE

- Kognitive Flexibilität
- Inhibition steigern

Spiel 11: Wo bist du? Straßenspiel

Orga-Form: ganze Klasse oder Einzelförderung
Dauer: 10 Min.

Material: Kopiervorlage „Straßenspiel" und Overheadprojektor (OHP) oder Tafel, Kreide und Magnetpin

Vorbereitung: Die Kopiervorlage wird entweder mit Overheadprojektor oder Presenter an die Wand projiziert. Alternativ kann die Kopiervorlage auch an die Tafel gemalt werden.

Spielablauf: Es wird Startpunkt markiert (z.B. an der Tafel mit einem magnetischen Pin oder am OHP mit einem Punkt). Bei jüngeren Kindern kann die Lehrkraft folgende Anweisung geben: „Unser Auto steht in der Nordstraße 2. Es fährt rechts herum und pro Klatscher immer ein Haus weiter."

Stufe 1: Während die Lehrkraft klatscht, verfolgen die Kinder leise und mit den Augen den Weg des Autos. Wenn die Lehrkraft aufhört zu klatschen, melden sie sich. Erst nach Aufforderung sagen sie, wo das Auto nun steht.

Variation: Es wird verabredet, dass bei Fingerschnipsen das Auto nach links fährt. Gespielt wird wie bei Stufe 1.

Stufe 2: Schnipsen und Klatschen werden nun kombiniert, d.h., das Auto kann einige Klatscher im Uhrzeigersinn fahren und dann im selben Spielzug auch gegen den Uhrzeigersinn zurückfahren. Dadurch wird die kognitive Flexibilität zusätzlich gefordert.

Stufe 3: Ein drittes Signal wird eingeführt: Bei einem Pfeifton wird ein Haus in der aktuellen Fahrtrichtung übersprungen.

Stufe 4: Die Kinder prägen sich die Zeichnung und den Startpunkt des Autos ein. Danach wird die Tafel geschlossen bzw. der OHP ausgemacht. Anschließend klatscht oder schnipst die Lehrkraft wie in Stufe 1. Die Kinder halten die Zeichnung im Arbeitsgedächtnis präsent und nennen den neuen Standpunkt des Autos.

Stufe 5: Hier werden wie in Stufe 2 Klatschen und Schnipsen kombiniert. Allerdings wird die Tafel nach einer kurzen Einprägezeit wieder geschlossen oder der OHP ausgemacht.

FÖRDERZIELE

- Leistungsfähigkeit des Arbeitsgedächtnisses verbessern
- Kognitive Flexibilität (Grund: Das Auto startet immer wieder von einem anderen Punkt und wechselt ab Stufe 2 die Fahrtrichtung.)

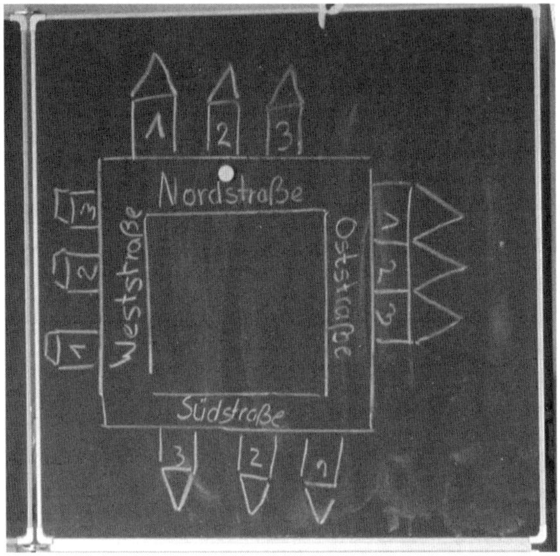

Abb. 5: Straßenspiel – Tafelbild als Alternative zu Kopiervorlage und Overheadprojektor

Spiel 12: Kim-Spiel mit Personen

Orga-Form: ganze Klasse aufgeteilt in Gruppen bis max. 10 Kinder
Dauer: 10–15 Min.

Material: Stühle

Vorbereitung: Je nach Gruppengröße werden vier bis fünf Stühle nebeneinander aufgestellt.

Spielablauf: Auf jeden Stuhl setzt sich still ein Kind. Ungefähr die gleiche Anzahl der Kinder stehen ihm gegenüber und prägen sich das Bild möglichst genau ein. Die betrachtenden Kinder dürfen gerne vorher eine Strategie verabreden. (Ungefähr eine Minute Beobachtungszeit hat sich in der Grundschule als ausreichend erwiesen.) Anschließend verlassen die Betrachter den Raum.

Die sitzenden Kinder verändern nun eine verabredete Anzahl an Kleinigkeiten (z.B. Uhr abnehmen und ans andere Handgelenk binden, Uhr mit anderem Schüler tauschen, Reißverschluss oder Schuhe öffnen, ein Hosenbein umkrempeln). Dem Einfallsreichtum der Kinder sind (fast) keine Grenzen gesetzt. Die vor der Tür wartenden Kinder werden wieder zurück ins Klassenzimmer geholt und sollen nun die Veränderungen herausfinden.

Hinweis: Besonders die Inhibition der wartenden Kinder ist gefordert, denn sie sollen erst abwarten, bis alle Unterschiede genannt sind. Für viele wartende Kinder ist es fast unerträglich, mit Pokerface unbeweglich die Nennungen abzuwarten. Meist sprudeln die hereinkommenden Kinder nur so mit ihren Vermutungen über die Veränderungen heraus. Und meistens werden mehr Veränderungen genannt als tatsächlich durchgeführt wurden. Hier hat es sich als hilfreich erwiesen, wenn ein Sprecher ernannt wird, der die Veränderungen sammelt und nach einer gewissen Zeit vorträgt. Nachdem beide Gruppen einmal an der Reihe waren, kann es sinnvoll sein, mit den Kindern gezielt mögliche Strategien zur Bewältigung zu reflektieren.

Variationen: Die Anzahl der Veränderungen kann je nach Alter der Kinder bzw. nach Gruppengröße verändert werden. Ältere Kinder bzw. Kinder, die über eine sehr gute Inhibition verfügen, können auch die Körperhaltung verändern. Dabei sollte beachtet werden, dass diese Körperhaltung über mehrere Minuten gehalten werden muss.

FÖRDERZIELE

- Leistungsfähigkeit des Arbeitsgedächtnisses bei den beobachtenden Kindern verbessern
- Inhibition bei den sitzenden Kindern steigern

Spiel 13: Kim-Spiel im Raum

Orga-Form: ganze Klasse oder Kleingruppe
Dauer: ca. 5 Min.

Material: was sich gerade im Klassenzimmer oder in der Turnhalle befindet

Vorbereitung: Die SuS gehen zwischen 30 und 60 Sekunden durch das Klassenzimmer und versuchen, sich alles möglichst genau einzuprägen. Anschließend verlassen sie das Klassenzimmer und gehen leise, langsam und alleine (!) einen verabredeten Weg durch das Schulhaus. In dieser Zeit verändert die Lehrkraft je nach Alter und Leistungsvermögen der Kinder vier bis sieben Dinge im Klassenzimmer.

Spielablauf: Die Kinder kehren still ins Klassenzimmer zurück, gehen wortlos durch den Raum und versuchen, die Veränderungen herauszufinden. Anschließend setzen sich die Kinder an den Platz und merken sich die Verände-

rungen. Alternativ können ältere Kinder die Veränderungen auf einem Zettel notieren. Zur Auswertung bieten sich zwei Möglichkeiten an:
Wenn wenig Zeit ist, werden die Veränderungen im Unterrichtsgespräch gemeinsam besprochen.

Möchte man die Kommunikationsfähigkeit der Kinder unterstützen, besprechen sich erst die Kinder untereinander bzw. gleichen ihre Zettel ab. Anschließend vergleichen zwei Paare ihre Notizen usw. Schafft es die Klasse, alle von der Lehrerin vorgenommenen Änderungen herauszufinden?

FÖRDERZIELE

- Leistungsfähigkeit des Arbeitsgedächtnisses verbessern
- Inhibition steigern

Spiel 14: Münzenrallye

Orga-Form: ganze Klasse
Dauer: mind. 25 Min.

Material: eine beliebige Münze, Tische und für jedes Kind einen Stuhl

Vorbereitung: Die Klasse wird in zwei Gruppen aufgeteilt. Eine Gruppe bekommt die Münze. Die Kinder sitzen sich an den Tischen in einer Gasse gegenüber.

Spielablauf: Die Gruppe mit der Münze nimmt die Hände unter den Tisch und gibt die Münze unter dem Tisch weiter. Ziel der anderen Gruppe ist es, herauszufinden, wo die Münze ist, um sie durch genaues Hinhören im Ausschlussverfahren zu erobern. Dies geschieht folgendermaßen:

1. Der Reihe nach bekommt jedes Kind einmal das Oberkommando und sagt laut „Stop“. Die Kinder mit der Münze hören auf, die Münze weiterzugeben.
2. Bei der Ansage „Kommando eins“ werden gleichzeitig alle Fäuste auf den Tisch gelegt. Bei „Kommando zwei“ die Ellenbogen auf die Tischplatte gestellt und bei „Kommando drei“ möglichst gleichzeitig die Handflächen flach auf die Tischplatte geschlagen. Je synchroner die Ausführung erfolgt, desto schwerer ist es für die gegenüberliegende Gruppe zu hören, unter welcher Hand die Münze liegt.
3. Nun darf das Kind, das das Kommando gegeben hat (und zwar nur dieses Kind), die Kinder auffordern, die Hände zu heben z.B. durch folgende

Anweisung: „Peter, unter deiner linken Hand ist die Münze nicht (!), also hebe sie bitte an.“ Da das Kind, das die Kommandos gibt, nicht alle heruntersausenden Hände gleichzeitig wahrnehmen kann, wird es von den anderen Kindern beraten. Die Aufforderung, die Hand zu heben, erteilt in dieser Runde jedoch nur das eine Kind. Es trägt auch die Verantwortung für die Entscheidung. Bei der nächsten Runde bekommt das daneben sitzende Kind das Kommando.

FÖRDERZIELE

- Inhibition bei der Gruppe mit der Münze steigern (Die Hand darf z.B. nicht auf wilden Zuruf aus der anderen Gruppe gehoben oder aus Unachtsamkeit von der Tischplatte gelöst werden, um sich z.B. Haare aus dem Gesicht zu streichen).
- Selektive Aufmerksamkeit bei der Gruppe ohne Münze (Vor allem genaues Hinhören und Hinschauen ist hier gefordert.)

Hinweis: Vielen Kindern fällt es anfangs sehr schwer, ‚im Eifer des Gefechts‘ nicht begeistert die Hand mit der Münze aufzudecken (besonders, wenn man die Münze gut gehört oder sogar gesehen hat), sondern auf das Kommando zu warten. Sollte die Münze beim Ablegen gut zu hören oder gar zu sehen sein, ist darauf zu achten, dass das ausführende Kind nicht ausgelacht und bloßgestellt wird.

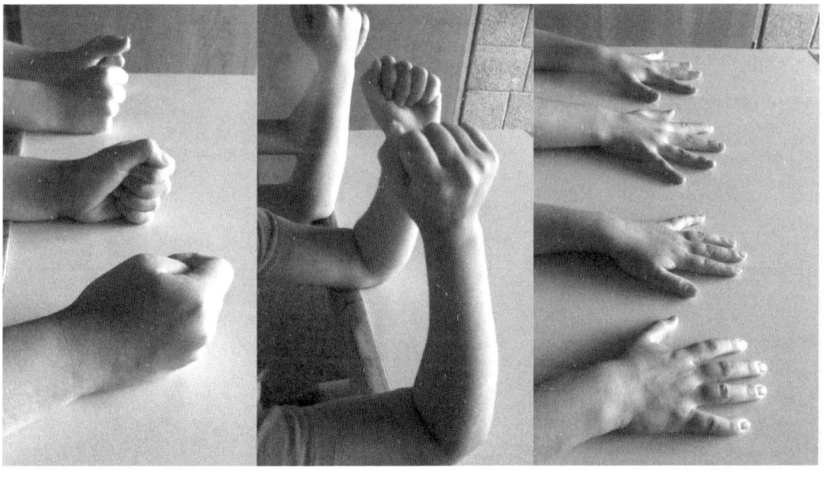

Abb. 6: Münzrallye Kommandos 1, 2 und 3

Spiel 15: Schlüsselspiel

Orga-Form: ganze Klasse
Dauer: mind. 15 Min.

Material: Schlüsselbund oder ein beliebiger Gegenstand, der weitergegeben werden kann

Vorbereitung: Die SuS sitzen oder stehen im Kreis.

Spielablauf: Stufe 1: Das Spiel basiert auf dem Prinzip des Spiels „Ich packe meinen Koffer“. Die Lehrkraft eröffnet die Runde mit dem Satz: „Dies ist ein Schlüsselbund, ich aber sage, das ist ein ... (z.B. Buch).“, und gibt den Schlüssel an ihren Nebensitzer weiter. Dieser nimmt den Schlüssel und sagt: „Dies ist ein Schlüsselbund, Frau x sagt, es ist ein ... (Buch), ich aber sage, es ist eine ... (Kaffeemaschine).“ Anschließend wird der Schlüssel weitergegeben und die Aufzählung entsprechend fortgesetzt.

Hinweis: Bei jüngeren Kindern kann es angemessen sein, dass immer nur die letzten zwei bis drei Beispiele wiederholt werden.

Variation: Wenn das Spiel bekannt ist, kann auch in der umgekehrten Reihenfolge gespielt werden, d.h., die Kinder beginnen mit ihrem direkten Nebensitzer. So haben sie die Möglichkeit, ohne Gesichtsverlust auszuprobieren, wie viele Items sie sich bereits merken können.

Stufe 2: Wenn alle Kinder an der Reihe waren, kann folgende Zusatzregel eingeführt werden: Sobald die Lehrerin klatscht, wechseln alle Kinder ihren Platz. Wer den Schlüssel hat, behält diesen beim Wechsel in der Hand, hat aber nach dem Wechsel einen neuen Sitznachbarn. Wer weiß noch, was der neue Nebensitzer behauptete?

FÖRDERZIELE

- Leistungsfähigkeit des Arbeitsgedächtnisses verbessern
- Kognitive Flexibilität (ab Stufe 2)

Spiel 16: Wer ist Herbert?

Orga-Form: ganze Klasse
Dauer: 2–3 Min.

Material: nichts

Vorbereitung: Alle Kinder schließen die Augen. Die Lehrkraft tippt ein Kind an. Dieses Kind ist für diese Runde Herbert und sagt ab jetzt nichts mehr. Die Kinder öffnen wieder die Augen.

Spielablauf: Die Kinder gehen durch den Raum und fragen sich gegenseitig: „Bist du Herbert?" Die Kinder, die nicht Herbert sind, antworten: „Herbert? Nein, wer ist Herbert?". Nur Herbert bleibt stumm. Bekommt man keine Antwort, wird man ebenfalls Herbert und bleibt ab sofort stumm. So wird innerhalb kurzer Zeit aus einer munter durcheinander fragenden Klasse eine stumm durch den Raum gehende Gruppe. Wenn alle still sind, sammeln sich die Kinder im Kreis und versuchen herauszufinden, wer zuerst Herbert war.

Hinweis: Besonders jüngeren Kindern fällt es anfangs schwer, sobald sie auf ein stummes Kind treffen, sich umzustellen und nichts mehr zu sagen. Das ist eine gute Gelegenheit, seine Selbstregulation zu trainieren.

FÖRDERZIELE

- Inhibition steigern
- Kognitive Flexibilität

Spiel 17: Stuhlschach

Orga-Form: ganze Klasse
Dauer: mind. 20 Min.

Material: pro Kind ein Stuhl (in der Turnhalle einen Reifen)

Vorbereitung: Im Klassenzimmer werden alle Tische zur Seite geräumt, sodass ein größerer Raum zum Bewegen entsteht. Die Stühle werden gleichmäßig im Raum verteilt und alle Kinder setzen sich auf einen Stuhl. Ein Stuhl bleibt leer. Ein Kind wird zum Stuhlsucher ernannt und steht vor der Tafel. Der Stuhl, der am weitesten vom Stuhlsucher entfernt ist, bleibt zunächst leer.

Spielablauf: Die Lehrkraft gibt durch langsames Klatschen die Bewegungsgeschwindigkeit des Stuhlsuchers vor. Das Kind muss nun versuchen, sich auf einen freien Stuhl zu setzen, darf sich aber nur im Klatschrhythmus der Lehrkraft bewegen. Die sitzenden Kinder versuchen, das zu verhindern, indem sie sich – kurz bevor das Kind den freien Stuhl erreicht – auf den freien Stuhl setzen. Die sitzenden Kinder dürfen sich beliebig schnell oder langsam bewegen und müssen sich nicht an den Klatschrhythmus der Lehrkraft halten. Allerdings müssen sie, sobald sie aufgestanden sind, den Stuhl wechseln und dürfen sich nicht wieder auf denselben Stuhl setzen.

Alternative: Das Spiel kann in der Turnhalle oder auf dem Pausenhof gespielt werden. Statt auf Stühlen zu sitzen, stehen die Kinder in Reifen. Sobald der Reifen mit einer Fußspitze verlassen wird, muss der Reifen gewechselt werden.

FÖRDERZIELE

- Inhibition steigern
- Leistungsfähigkeit des Arbeitsgedächtnisses verbessern (Hier sind strategisches Denken und vorausschauendes Handeln gefragt.)

Spiel 18: 1-2-3 gemerkt und bewegt

Orga-Form: ganze Klasse
Dauer: ab 3 Min.

Material: Karten mit Ziffern (ggf. Farbkarten)

Vorbereitung: Den Ziffern werden Bewegungen zugeordnet und geübt:

- 1 = Hampelmann
- 2 = Drehung um die eigene Achse
- 3 = Boden berühren usw.

Spielablauf: Stufe 1: Die Lehrkraft hält nacheinander verschiedene Karten hoch. Die Kinder führen nun einmal die richtige Bewegung aus.

Stufe 2: Wurden die Ziffern auf farbigen Karten notiert, wird nun nur die Farbkarte hochgehalten, d.h. die Kinder müssen sich merken, zu welcher Farbe welche Zahl und Bewegung gehört (z.B. rot = 1 = Hampelmann usw.).

Stufe 3: Die kognitive Flexibilität ist gefordert, wenn einzelne Items getauscht werden (z.B. 1 = Drehung um die eigene Achse statt Hampelmann).

FÖRDERZIELE

- Leistungsfähigkeit des Arbeitsgedächtnis verbessern
- Kognitive Flexibilität (ab Stufe 3)

Spiel 19: Der Bär und die Holzfäller

Material: nichts

Orga-Form: ganze Klasse oder Kleingruppe
Dauer: 10 Min.

Vorbereitung: Ein Kind wird für die Rolle des Bären bestimmt. Alle anderen Kinder sind Holzfäller. Die Lieblingsspeise des Bären sind frische Holzfäller. Die Holzfäller gehen im Wald ihrer Arbeit nach. Wenn sie dem Bären begegnen und nicht von ihm gefressen werden wollen, müssen sie möglichst regungslos bleiben.

Spielablauf: Die Kinder gehen durch den Raum. Der Bär stößt ein fürchterliches Gebrüll aus. Die Holzfäller fallen um und bleiben regungslos liegen. Der Bär geht zu jedem Holzfäller, schnauft, brüllt, erzählt einen Witz, kurz: versucht alles, um ihn zu einer Lebensäußerung zu veranlassen. Wenn ihm das gelingt, verwandelt sich der Holzfäller ebenfalls in einen Bären. Auch er muss nun versuchen, die anderen Holzfäller zum Lachen zu bringen.

Hinweis: Besonders nach dem ersten Durchgang empfiehlt es sich, eine kurze Reflexionsrunde durchzuführen („Was hast du gemacht oder gedacht, dass du nicht lachen musstest?"). In den ersten Runden sollte die Lehrkraft auch auf einen wertschätzenden und höflichen Umgang miteinander achten und direkte Berührungen untersagen.

Das Spiel kann auch gut in der Turnhalle gespielt werden.

FÖRDERZIELE

- Inhibition steigern (Für viele Kinder ist es ungeheuer herausfordernd, sämtliche Impulse und Bewegungen zu kontrollieren und zu unterbinden.)

Abb. 7: Holzfällerspiel: Ob sich die Holzfällerin wohl vom Bären wachpusten lässt?

2.4 Achtsamkeitsübungen zur Verbesserung der exekutiven Funktionen

Was ist Achtsamkeit?

DEFINITION

Achtsamkeit bedeutet, dass man alles, was gerade geschieht, aufmerksam und bewusst wahrnimmt und beobachtet, ohne es zu bewerten. Dazu gehören Gedanken und Gefühle sowie körperliche Empfindungen, aber auch Sinnesreize aus der Umgebung.

Achtsamkeit ist somit eine besondere und aktive Art der Lenkung der Aufmerksamkeit (Kaltwasser 2008): die selektive Aufmerksamkeit. Es geht um „Zuwendung zu bestimmten Sachverhalten und das Ausblenden von anderen Sachverhalten" (Spitzer 2002, 141). In den Fokus der Aufmerksamkeit kann z.B. der eigene Atem, aber auch ein visueller, auditiver oder taktiler Stimulus rücken.

Neben der Aufmerksamkeitslenkung nennt Kabat-Zinn (2013) noch das „Gewahr-werden“ und „Nicht-urteilen“ als wichtige Kennzeichen der Achtsamkeit. Körpersensationen, Empfindungen, Gedanken und Gefühle werden zwar bewusst wahrgenommen, aber nicht bewertet. Das ist schwierig, weil es zur Grundausstattung des Menschen gehört, Sinneseindrücke permanent und beinahe reflexartig zu bewerten (Kaltwasser 2008). So kann beispielsweise allein der Anblick einer bestimmten Speise Erinnerungen auslösen und je nach Erlebtem Lust darauf oder Abwehr und Vermeidungsverhalten auslösen.

Durch achtsames „Gewahr-werden“ können diese Empfindungen und Bewertungen bewusst werden und so einen möglichen Ausgangspunkt für neue Verhaltensweisen und einen reflektierten Umgang bieten. Nach Kabat-Zinn (2013, 41) besitzen wir alle die Fähigkeit zur Achtsamkeit. Jeder kann sie mit etwas Übung erlernen.

Wirkung von Achtsamkeitsübungen

Normalerweise reagiert der Mensch unmittelbar auf Reize. Wird ein Kind z.B. beim Einsteigen in den Schulbus im Gedränge berührt, reagiert es häufig fast reflexartig, indem es zurückschubst. Ähnlich wie ein Puffer unterbricht achtsames „Gewahr-werden“ nun dieses Reiz-Reaktionsmuster und schafft eine Lücke, die es ermöglicht, erst zu denken und dann zu handeln und angemessen und bewusst zu reagieren. Neurowissenschaftler sprechen hier von dem Üben der Top-down-Reflexion:

DEFINITION

Daher unterbricht das **Achtsamkeitstraining** auf der kognitiven Ebene (Aufmerksamkeit) wie auf der Gefühlsebene (Beurteilung) die automatische Hervorbringung emotionaler Reaktionen, was zu mehr Ruhe und emotionaler Stabilität führt; dies wiederum macht es leichter, über mehrere Aspekte einer gegebenen Situation und mehrere denkbare Antworten und Reaktionen nachzudenken. (Zelazo / Lyons 2014, 94)

Als weitere Wirkungen von Achtsamkeitsübungen nennt Kaltwasser (2008, 98):

- die Selbstwahrnehmung der Schüler verfeinert sich
- die Konzentrationsfähigkeit erhöht sich
- SuS lernen, Anspannungen zu erkennen und zu lösen
- Ausbildung der Fähigkeit zur Spannungsregulation
- Schüler lernen die Fähigkeit, sich in Stresssituationen selbst zu beruhigen
- SuS verbessern ihre Fähigkeit zur Impulskontrolle

Was ist bei Achtsamkeitsübungen mit Kindern zu beachten?

Bei Kindern im Grundschulalter sind die Fähigkeiten zur Selbstregulation und damit die exekutiven Funktionen noch gering entwickelt. Da zur Aufrechterhaltung der selektiven Aufmerksamkeit alle drei zentralen exekutiven Funktionen benötigt werden, sollten die Achtsamkeitsübungen und die Anleitungen zu diesen Achtsamkeitsübungen dem Niveau der Kinder angepasst werden. Erwachsene können sich beispielsweise bis zu 45 Minuten auf ihren Atem konzentrieren, fünfjährige Kinder jedoch maximal drei Minuten (Zelazo/Lyons 2014, 93).

Aus diesem Grund dauern nachfolgende Übungen teilweise nicht einmal eine Minute (Spiel 20: Grundübung oder Spiel 21: Reifen hören). Die Ansagen sollten kurz und prägnant sein. Es gelten auch hier die fünf K's der Aufforderung (Kap. 2.2). Ebenso hilfreich kann es sein, mit Vorstellungsbildern (Spiel 26: Baum-Übung) oder mit kleinen Requisiten zu arbeiten (Spiel 20: Grundübung Atmen).

Vor allem jüngere Kinder lieben Spiele. Deshalb ist es sinnvoll, über eine Spielform einzusteigen, um in der nachfolgenden Reflexion die Achtsamkeitsanteile herauszuarbeiten (Spiel 22: Blinde Schatzsuche und Spiel 27: Tierbaby sucht Mama).

Achtsamkeitsübungen mit Kindern

Orga-Form: ganze Klasse oder Kleingruppe
Dauer: ca. 15 Min.

Spiel 20: Einstiegsübung Geräusche hören

Material: nichts (ggf. ein Bitte-nicht-stören-Schild, das an die Tür gehängt wird)

Vorbereitung: Die Lehrkraft wiederholt mit den Kindern alle fünf Sinne und erklärt ihnen, dass sie nun eine Übung zum genauen Hinhören machen wollen. Alle nicht benötigten Schulsachen oder Turngeräte werden weggeräumt. So werden mögliche Ablenkungen bereits vorab vermieden. Die Kinder sitzen auf dem Boden oder auf ihrem Stuhl. Falls die Kinder auf dem Stuhl sitzen, rutscht der Po auf das vordere Drittel des Stuhles, der Rücken wird nicht angelehnt. Die Kinder schließen die Augen. Fällt dies den Kindern noch sehr schwer, dürfen sie die Ellenbogen aufstützen und das Gesicht in die Hände legen, sodass die Augen abgedeckt sind.

Spielablauf: Die Kinder lauschen mit geschlossenen Augen auf alle äußeren Geräusche (wie Geräusche im Klassenzimmer/Turnhalle, auf dem Flur, auf der Straße) oder körpereigenen Geräusche (wie Magenknurren etc.). Nach ca. 30 Sekunden bittet die Lehrkraft die Kinder, die Augen wieder zu öffnen. Mit ihrem Nachbarn tauschen sich die Kinder aus, welche Geräusche sie wahrgenommen haben.

Im anschließenden Unterrichtsgespräch werden die wahrgenommenen Geräusche an der Tafel notiert. Danach bittet die Lehrkraft die Kinder, erneut die Augen zu schließen. Die Übung wird wiederholt. Dabei werden die Kinder eingeladen, auch auf andere Geräusche zu achten.

Reflexion: In der nachfolgenden Reflexion ist es wichtig, mit den Kindern einerseits ihre Wahrnehmungen zu besprechen (Welche Geräusche haben sie bewusst wahrgenommen?), andererseits gilt es herauszuarbeiten, was es bedeutet, achtsam zu sein.

BEISPIEL

Als ihr vorhin **so ruhig gewesen seid** und genau hingehört habt, wart ihr sehr aufmerksam. Ihr habt Geräusche wahrgenommen, die ihr sonst nicht unbedingt gehört hättet. Ihr hattet Zeit, die Geräusche zu beobachten. Wenn wir so achtsam sind, haben wir auch die Möglichkeit, erst zu denken, bevor wir handeln. Wenn wir unachtsam sind, kann es geschehen, dass wir manche Dinge nicht mitbekommen und handeln, ohne nachzudenken.

Spiel 21: Grundübung Atmen

Orga-Form: ganze Klasse, Kleingruppe oder Einzelsetting
Dauer: ca. 2–5 Min.

Material: nichts (Variation 1: Klangschale oder Triangel, Variation 2: kleines Kuscheltier)

Vorbereitung: Die Grundübung wird im Sitzen durchgeführt. Dabei können die Kinder entweder auf ihrem Stuhl Platz nehmen bleiben oder auf dem Boden im Schneidersitz sitzen. Die Kinder nehmen eine bequeme Sitzposition ein, bei der sie aufrecht, aber nicht angelehnt sitzen. Die Hände liegen auf den Oberschenkeln, die Schultern sind locker.

Spielablauf: Grundübung: klassische Atemmeditation: Die Kinder werden aufgefordert, die Augen zu schließen oder – falls dies nicht möglich ist – auf die eigenen Hände zu schauen. Dann sollen die Kinder die Aufmerksamkeit auf ihre Atmung lenken und bewusst durch die Nase einatmen. Dabei sollen sie den Weg der Luft, der durch die Nase über die Luftröhre bis in die Lunge geht, nachspüren. Die Ausatmung erfolgt ebenfalls über die Nase oder über Mund und Nase.

Das bewusste Ein- und Ausatmen wird wiederholt. Sollten die Gedanken abschweifen, sollen die Kinder dies wahrnehmen und dann mit ihrer Aufmerksamkeit wieder zur Atmung zurückkehren. Da die Aufmerksamkeitsspanne bei jüngeren Kindern noch recht kurz ist, reicht es aus, die Übung nicht länger als eine Minute zu machen.

Variation 1: Erfahrungsgemäß fällt es Kindern leichter, wenn die Meditation durch einen Gong oder einen Ton eingeleitet wird. Zunächst wird also der Gong eingeführt, damit die Kinder den Ton kennenlernen. Anschließend sollen die Kinder die Augen schließen, sobald sie den Ton hören. Wenn der Ton vollständig verklungen ist, lenken die Kinder ihre Aufmerksamkeit auf ihren Atem.

Die Atemmeditation wird durch einen Gong wieder beendet. Sinnvoll ist es, diesen Ton ausschließlich für die Meditationsübungen einzusetzen. So lernen die Kinder, dass Achtsamkeitsübungen immer mit diesem Ton angefangen und enden, die Umstellung fällt zunehmend leichter.

Variation 2: Stofftier in den Schlaf atmen: Diese Übung eignet sich vor allem für jüngere Kinder der Eingangsstufe und wird im Liegen durchgeführt. Die Kinder legen sich ein kleines Stofftier auf den Bauch. Nun wird wieder die klassische Atemmeditation durchgeführt. Die Kinder sollen allerdings mit ihrer Aufmerksamkeit bei ihrem Stofftier sein und nachspüren, wie sich das Stofftier auf dem Bauch beim Einatmen leicht anhebt und beim Ausatmen wieder senkt. Sie sollen die Bewegung so sanft machen, dass das Stofftier auf dem Bauch liegen bleibt und nicht herunterfällt. Sie sollen mit ihrer Atmung ihr Stofftier in den Schlaf atmen.

FÖRDERZIELE

- **Achtsamkeit**

Abb. 8: Stofftier in Schlaf atmen

Spiel 22: Reifen hören

Material: ein Reifen

Orga-Form: ganze Klasse oder Kleingruppe
Dauer: ca. 1–2 Min.

Vorbereitung: Die Kinder sitzen im Kreis. Die Lehrkraft zwirbelt in der Kreismitte den Reifen an und tritt dann zurück. Die Kinder beobachten den Reifen. Sie nehmen wahr, dass der Reifen zunächst kaum zu hören ist. Erst wenn der Reifen sich langsam neigt, erzeugt er ein Geräusch, das immer schneller wird und erst verstummt, wenn der Reifen reglos auf dem Boden liegt.

Spielablauf: Die Kinder liegen nun im Kreis auf dem Bauch. Der Kopf wird dabei auf die Hände oder in die Armbeuge gelegt. Die Lehrkraft zwirbelt erneut den Reifen an und zieht sich leise aus dem Kreis zurück. Die Kinder nehmen nun noch einmal die Geräusche des Reifens wahr. Erst wenn sie nichts mehr hören und der Meinung sind, dass der Reifen reglos auf dem Boden liegt, drehen sie sich auf den Rücken.

FÖRDERZIELE

- Achtsamkeit
- selektive Aufmerksamkeit durch genaues Hinhören (Erfahrungsgemäß haben jüngere Kinder der Eingangsstufe zunächst Schwierigkeiten, bis zum Ende auszuharren. Deshalb wird hier gleichzeitig noch die Inhibition gefördert.)

Quelle: nach Stuber-Bartmann 2015

Spiel 23: Blinde Schatzsuche

Orga-Form: ab fünf Kinder bis ganze Klasse
Dauer: ca. 5 Min.

Material: kleiner Schatz (z.B. Schlüssel), Gegenstände zum Geräusche machen (z.B. Holzstäbchen), alternativ können auch Geräusche selbst gemacht werden (z.B. schnalzen), bei Bedarf Seile zum Markieren des Feldes

Vorbereitung: Ein quadratisches Feld wird durch Linien oder Seile markiert. Die Größe des Feldes ist abhängig von der Gruppengröße. Ein Kind ist Schatzsucher. Es begibt sich ins Feld und bekommt die Augen verbunden. Die anderen Kinder stellen sich an den Außenlinien des Feldes auf und dürfen Geräusche machen. Die Lehrkraft deponiert den Schatz an irgendeiner Stelle im Feld.

Spielablauf: Die Kinder an den Außenlinien führen das Kind im Feld mithilfe der Geräusche zum Schatz. Dabei dürfen die Kinder nicht miteinander reden. Das Kind im Feld bewegt sich immer nur in die Richtung, aus der das Geräusch kommt. Ist das Kind beim Schatz, machen alle Kinder an den Außenlinien gleichzeitig das Geräusch. Das ist das Zeichen, in die Hocke zu gehen und nach dem Schatz zu greifen.

Hinweis: Sollten die Kinder bei dieser Übung anfangs Schwierigkeiten haben (besonders bei sehr impulsiven Kindern), kann es sinnvoll sein, sich gemeinsam in einer Reflexionsrunde zu überlegen, wie die Aufgabe gemeinsam bewältigt werden kann oder was dem Kind im Feld hilft, sich auf die Übung einzulassen.

FÖRDERZIELE

- Achtsamkeit
- Selektive Aufmerksamkeit durch genaues Hinhören

Spiel 24: Häuptling Leise Sohle

Orga-Form: ganze Klasse
Dauer: 5–20 Min.

Material: nichts

Vorbereitung: Alle Kinder sitzen im Innenstirnkreis. Je nach Klassengröße ernennt die Lehrkraft zwei bis drei Kinder zu Indianern des Stammes der Leisen Sohlen. Alle sitzenden Kinder gehören zum Stamm der Lauschenden Ohren. Sie sehen zwar nichts, können aber dafür sehr gut hinhören. Die sitzenden Kinder schließen die Augen oder bedecken die Augen mit den Händen.

Spielablauf: Die Indianerkinder schleichen langsam und möglichst leise im Kreis um die sitzenden Kinder herum. Auf ein Zeichen der Lehrkraft bleiben die Kinder jeweils hinter einem sitzenden Kind stehen. Die Lehrkraft bittet die Kinder, ihre Augen noch einen Moment geschlossen zu halten und nachzuspüren. Wer von den sitzenden Kindern der Meinung ist, ein Indianerkind stehe hinter ihm, darf den Arm heben. Erst auf das Signal der Lehrkraft öffnen die Kinder die Augen und sehen nach.
Variation: Das Spiel kann auch gut im Klassenzimmer gespielt werden. Die Kinder legen dann die Unterarme auf den Tisch und den Kopf auf die Arme.

Hinweis: Erfahrungsgemäß fällt es Kindern der Eingangsstufe noch sehr schwer, die Augen geschlossen zu halten. Sie ‚spicken' häufig durch die Hände. Hier hilft meist der Hinweis, dass die Indianer des Stammes der Leisen Sohlen niemals hinter spickenden Kindern stehen, sondern immer nur hinter Indianern des Stammes der Lauschenden Ohren und die können ja bekannterweise nicht sehen. Da die meisten Kinder sich wünschen, dass ein schleichender Indianer sich hinter sie stellt, bemühen sie sich daraufhin, nicht mehr zu spicken.

FÖRDERZIELE

- Achtsamkeit
- Selektive Aufmerksamkeit durch genaues Hinhören

Spiel 25: Schuhklau

Orga-Form: ganze Klasse
Dauer: pro Durchgang ca. 3 Min.

Material: Schuhe der Kinder, alternativ auch Wäscheklammern

Vorbereitung: Alle Kinder sitzen im Kreis, ziehen einen Schuh aus und legen diesen hinter sich. Die Lehrkraft ernennt zwei Schuhdiebe.

Spielablauf: Die Schuhdiebe schleichen nun ganz leise hinter den Kindern her und versuchen, den Schuh zu entwenden. Sobald ein Kind glaubt, dass ein Schuhdieb versucht, den Schuh zu entwenden, hebt es die Hand. Der Schuhdieb darf den Schuh nun nicht mehr nehmen. Nach einiger Zeit beendet die Lehrkraft diese Runde. Wie viele Schuhe konnten die Schuhdiebe sammeln?

Hinweis: Anfangs sind die Kinder häufig versucht, die Hand ständig oben zu lassen. Hier kann ein gezielter Hinweis der Lehrkraft – auch während des Spiels – nötig sein. Wurde ein Schuhdieb durch das Heben der Hand ertappt, darf er nicht hinter der Person stehen bleiben und warten, bis die Hand abgesenkt wird, sondern muss sich einen neuen Schuh suchen.

FÖRDERZIELE

- Selektive Aufmerksamkeit durch genaues Hinhören

Spiel 26: Wäscheklammern spüren

Orga-Form:
ganze Klasse in Partnerarbeit
Dauer:
pro Durchgang ca. 2 Min.

Material: Wäscheklammern

Vorbereitung: Die Kinder finden sich paarweise zusammen. Jedes Paar erhält einige Wäscheklammern. Jeweils ein Kind legt sich auf den Bauch und schließt die Augen.

Spielablauf: Stufe 1: Das Kind mit den Wäscheklammern befestigt langsam nacheinander die Wäscheklammern an der Kleidung des liegenden Kindes. Dabei hält es nach jeder befestigten Klammer inne und lässt das liegende Kind nachspüren und das Körperteil benennen, an dem die Klammer befestigt wurde (z.B. Arm, Schulter). Je älter die Kinder sind, desto präziser sollten sie den Ort benennen können (z.B. rechter Oberarm oder linke Wade).

Stufe 2: Nun werden langsam nacheinander drei Wäscheklammern entfernt. Das liegende Kind spürt nach und nennt möglichst in der richtigen Reihenfolge die drei Körperstellen, an denen sich die Klammern befunden hatten. Bei Bedarf kann die Anzahl der zu merkenden Wäscheklammern erhöht werden. Der Fokus liegt bei dieser Aufgabe jedoch auf dem Erspüren.

Stufe 3: Wie bei Stufe 1 merkt sich das liegende Kind wieder die Stellen, an denen es die Wegnahme der Wäscheklammern gespürt hat, benennt diese jedoch in umgekehrter Reihenfolge.

FÖRDERZIELE

- Achtsamkeit
- Selektive Aufmerksamkeit durch Fühlen
- Leistungsfähigkeit des Arbeitsgedächtnis verbessern (ab Stufe 2)

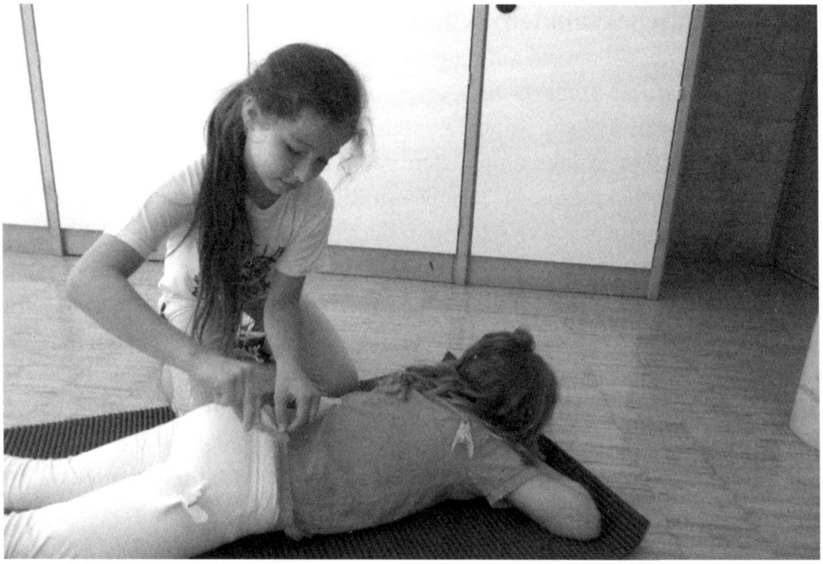

Abb. 9: Wäscheklammern spüren

Spiel 27: Balance-Übung Der Baum

Orga-Form: ganze Klasse, Kleingruppe oder Einzelsetting
Dauer: ca. 1 Min.

Material: nichts (ggf. einen kleinen Gegenstand, um den Blick zu fokussieren)

Vorbereitung: Die Kinder stehen zunächst auf beiden Beinen und nehmen ihren Körper wahr. Die Arme hängen entspannt nach unten. Die Schultern sind locker, der Kopf wird leicht und aufrecht gehalten und die Füße stehen fest auf dem Boden. Zur Visualisierung kann die Vorstellungshilfe gegeben werden: „Stelle dir vor, du bist ein Baum. Deine Füße sind fest wie Wurzeln im Boden, dein Körper aufrecht und stabil wie ein Baumstamm."

Spielablauf: Stufe 1: Der kleine Baum: Der rechte Fuß wird leicht auf den linken Fuß gestellt. Die Handflächen werden vor der Brust zusammengeführt. Die Schultern bleiben locker. Es gilt, einige Sekunden stabil wie ein Baum stehen zu bleiben. Anschließend wird die gleiche Übung mit dem anderen Bein ausgeführt.

Stufe 2: Das Gewicht wird auf das linke Bein verlagert, indem das rechte Bein angewinkelt, das Knie nach außen gedreht und die Fußsohle des rechten Beines in Kniehöhe an das linke Bein gelegt wird. Dabei werden die Arme nach oben geführt. Die Kinder sollen versuchen, auch in dieser Position fest und stabil zu stehen. Anschließend wird erneut die Seite gewechselt.

Hinweis: Kindern fällt der nach innen gerichtete offene Blick des Yogas oft noch schwer. Hier kann es hilfreich sein, in die Kreismitte einen Schlüssel, ein kleines Stofftier oder eine Klangschale zu legen, um die Fokussierung zu erleichtern.

FÖRDERZIELE

- Achtsamkeit
- Selektive Aufmerksamkeit durch Halten des Gleichgewichts

Abb. 10: Baum mittel und schwer

Spiel 28: Gruppenübung Tierbaby sucht Mama

Orga-Form: ganze Gruppe
Dauer: 15 Min.

Material: nichts

Vorbereitung: Die Kinder finden sich paarweise zusammen. Ein Kind ist Tiermama und das andere das Baby. Sie verabreden einen gemeinsamen Ruf oder Laut, mit dem die Tiermama ihr Kind zu sich ruft. Anschließend bleiben die Tierbabys in der Hallenmitte und schließen die Augen. Die Tiermamas suchen sich einen Platz irgendwo in der Halle.

Spielablauf: Auf Kommando dürfen die Tiermamas ihre blinden Tierbabys zu sich rufen. Dabei dürfen die Tiermamas nicht reden, sondern nur den verabredeten Laut von sich geben. Das Tierbaby bewegt sich, sobald es seine Tiermama erkannt hat, in die Richtung, aus der das Geräusch kommt. Welches Tierbaby findet mit geschlossenen Augen zu seiner Tiermama?

Mögliche Einstiegsfragen in der Reflexionsphase könnten sein: Wie habt ihr eure Tiermama gefunden? Was hat es euch leicht oder schwer gemacht, eure Tiermama zu finden? Erfahrungsgemäß rufen im ersten Durchgang alle Tiermamas laut durcheinander und die Tierbabys haben anfangs Schwierigkeiten, den richtigen Laut herauszufiltern.

Nach der Reflexionsphase beginnen die Tiermamas, einen geeigneten Zeitpunkt für den Tierruf abzuwarten und nicht mehr durcheinander zu rufen, sodass die Tierbabys leichter zu ihren finden.

Hinweise: Vielen Kindern fällt es schwer, die Augen geschlossen zu halten. Diese können mit einer Reiseschlafbrille oder einer Schweißerbrille aus dem Baumarkt abgedeckt werden.

FÖRDERZIELE

- Achtsamkeit in der Kommunikation
- Selektive Aufmerksamkeit durch genaues Hinhören
- Inhibition steigern

3 Förderung exekutiver Funktionen im Einzel-/Kleingruppensetting

Meist reicht es aus, die SuS durch eine entsprechende Unterrichtsgestaltung und unterstützende Maßnahmen (im Bereich Aufgaben, Umgebung und Intervention) in ihrer Entwicklung zu unterstützen. Immer wieder gezielt eingesetzte Spiele bieten weitere Übungs- und Lernmöglichkeiten. Dennoch kennt jede Lehrkraft aus ihrem Unterrichtsalltag Kinder, bei denen diese Maßnahmen nicht ausreichen. Kinder, die trotz aller Bemühungen chaotisch, vergesslich, sehr impulsiv oder ablenkbar sind. Hier ist es notwendig, konkrete und gezielte Interventionen anzubieten, die den Einsatz von exekutiven Funktionen erfordern, d.h. dem Kind beizubringen, wie man Aufgaben meistert.

Fördermöglichkeiten zielgerichtet planen

Stärken und Schwächen identifizieren: Der nachfolgende Fragebogen soll zunächst helfen, die Exekutivfunktionen des Kindes besser einzuschätzen. Ziel ist es, ein etwas differenzierteres Bild über das Kind zu erhalten, um Schwächen, aber auch mögliche Stärken des Kindes zu beschreiben.

Gemeinsam ein Ziel formulieren: Gute Ziele erkennt man unter anderem an einer positiven und konkreten Formulierung. Im Rahmen einer Intervention zur Förderung der Inhibition könnte ein mögliches Ziel lauten: „Ich melde mich, wenn ich etwas sagen möchte." Ein anderes Ziel ist es, regelmäßige Übungen zur Förderung des Arbeitsgedächtnisses während der Förderstunden einzuplanen.

Üben und unterstützen: Die Verbesserung der Selbstregulation, vor allem der Erwerb neuer Verhaltensweisen ist ein langwieriger Prozess, der häufiger, regelmäßiger Übung und Unterstützung bedarf. Allgemeine Hinweise zur Gestaltung der Übungssituationen sowie zum methodischen Vorgehen finden sich in Kapitel 2.2 und Kapitel 4.

Neben regelmäßiger Übung benötigen Kinder häufig auch die Unterstützung der Lehrkräfte, um gesetzte Ziele erreichen zu können. Wie diese Unterstützung aussehen kann, wird in Kapitel 3.2. erläutert. Wichtig ist, dass die Unterstützung allmählich zurückgenommen wird und zwar erst, wenn das erwünschte Verhalten regelmäßig gezeigt wird.

Fragebogen zu den Exekutivfunktionen

Orga-Form: Einzelsetting
Dauer: 15 Min.

Durchführung: Lesen Sie sich die Aussagen in Ruhe durch und überlegen Sie, in welchem Maße sie auf Ihre SuS zutreffen. Dazu kann es hilfreich sein, sich an konkrete Situationen des Unterrichts zu erinnern. Setzen Sie das Verhalten der einzelnen Schüler ins Verhältnis zur restlichen Klasse und beurteilen Sie die Situation anhand folgender Kriterien:

- trifft immer zu: 5 Punkte
- trifft oft zu: 4 Punkte
- trifft manchmal zu: 3 Punkte
- trifft selten zu: 2 Punkte
- trifft nie zu: 1 Punkt

Tab. 1: Fragebogen zu Exekutivfunktionen

		Punkte
1.	Meldet sich, wenn er/sie etwas sagen möchte oder die Antwort weiß.	
2.	Nimmt alle für die Hausaufgaben benötigten Materialien mit nach Hause bzw. danach wieder mit in die Schule.	
3.	Kann (auch ungeplanten) Wechsel der Lehrkraft oder des Raumes z.B. bei Vertretungsstunden gut verkraften.	
4.	Kann gut mit anderen Kindern spielen.	
5.	Kann sich an verabredete Klassenregeln halten.	
6.	Kann eine aus 2 bis 3 Schritten bestehende Handlungsanweisung ausführen (z.B. im Sekretariat oder beim Hausmeister etwas holen).	
7.	Kann gut von einem Thema oder von einer Tätigkeit zur nächsten wechseln.	
8.	Kann warten bis er/sie drankommt.	

9.	Kann auch mal kleinere Frustrationen aushalten oder mit vermeintlichen Ungerechtigkeiten (z.B. bei Gruppenzusammenstellungen) umgehen, ohne auszuflippen.	
10.	Kann sich an eine gegebene Aufgabenstellung erinnern und selbstständig die Erledigung überwachen (in der Eingangsstufe eventuell mit einer Erinnerung).	
11.	Kommt gut mit neuen Situationen zurecht.	
12.	Kann im Gespräch beim Thema bleiben.	
13.	Wechselt die Strategie, wenn er/sie merkt, dass er/sie nicht weiterkommt.	
14.	Kann sich die Konsequenzen einer Handlung vor Augen führen. Handelt überlegt nach dem Motto: „Erst denken, dann handeln".	
15.	Kann sich an den Inhalt einer vorgelesenen Geschichte erinnern und die wichtigsten Punkte wiedergeben.	

Auswertung: Für die Bereiche Inhibition, Arbeitsgedächtnis und Kognitive Flexibilität werden jeweils die Ergebnisse zusammengezählt und in das Auswertungsblatt eingetragen. Stärken und Schwächen des Kindes lassen sich so auf einen Blick ablesen: Ein hoher Wert in einem Bereich zeigt die Stärken, ein niedriger die Schwächen an. Die Ergebnisse dienen der individuellen Förderplanung.

- **Inhibition:** Ergebnisse der Aussagen 1, 5, 8, 9 und 14
- **Arbeitsgedächtnis:** Ergebnisse der Aussagen 2, 6, 10, 12 und 15
- **Kognitive Flexibilität:** Ergebnisse der Aussagen 3, 4, 7, 11 und 13

3.1 Förderung des Arbeitsgedächtnisses

Wie erkennt man Kinder mit schwachem Arbeitsgedächtnis in der Schule?

Kinder mit schwachem Arbeitsgedächtnis weisen häufig folgende Merkmale auf:

- Sie sind häufig sozial unauffällig (Gathercole/Alloway 2014).
- Sie wirken unaufmerksam und leicht ablenkbar.
- Sie können sich von mehrteiligen Anweisungen oft nur die erste und/oder letzte Anweisung merken und umsetzen.
- Sie sind sehr langsam und machen – trotz aller Anstrengung – nur wenige oder sehr langsam Fortschritte (z.B. im Lesen).
- Komplexe Aufgaben frustrieren sie, weil sie die einzelnen Schritte immer wieder vergessen oder nicht mehr wissen, wo sie gerade sind.

Individueller Test des Arbeitsgedächtnisses (phonologische Schleife, modifiziert nach Grob et al. 2009): In diesem Test geht es darum, abwechselnd vorgesprochene Zahlen- bzw. Buchstabenfolgen wiederzugeben. Dieser Test kann prozessorientiert eingesetzt werden, d.h., er kann zu Beginn einer Fördereinheit einen Ausgangswert liefern und nach einer längeren Förderperiode die Veränderungen sichtbar machen.

Zahlen, Wörter oder Sätze nachzusprechen, ist ein typisches Testverfahren zur Überprüfung der phonologischen Schleife des Arbeitsgedächtnisses. Es wird sowohl in Intelligenztests als auch bei Schuleingangsuntersuchungen angewendet. Die hier vorgestellte Variante wurde in Anlehnung an die Intelligenz- und Entwicklungsskalen für Kinder von 5 bis 10 Jahren (IDS) entwickelt. Durchschnittswerte dienen der Orientierung und sind an die (normierten) Werte des IDS angelehnt.

Bei diesem Verfahren werden Buchstaben- und Zahlenfolgen abwechselnd vorgetragen. Das hat den Vorteil, dass einerseits ein „Trainingseffekt vermieden und anderseits gleichzeitig die Gedächtnisspur der vorhergehenden Aufgabe gelöscht" wird (Grob et al. 2009, 129). Obwohl normierte Tests für die Planung von Fördermaßnahmen nicht unbedingt notwendig sind, kann das Wissen um Normwerte durchaus sinnvoll sein. Die hier vorgestellten Werte sind bewusst sehr oberflächlich gehalten. Sie liefern lediglich einen Hinweis auf unterdurchschnittliche, durchschnittliche und überdurchschnittliche Leistungen, da die individuelle Förderplanung im Vordergrund steht. Für eine differenzierte Diagnostik sind weitere professionelle Verfahren vonnöten.

Material: Protokollbogen

Instruktion: „Ich spreche dir jetzt Zahlen oder Buchstaben vor. Hör gut zu und sprich sie mir dann in derselben Reihenfolge nach. Sprich bitte erst, wenn ich fertig bin."

Durchführung: Sprechen Sie die Zahlen und Buchstaben im Sekundentakt ohne Rhythmus und monoton vor. Achten Sie darauf, den zeitlichen Abstand nicht zu variieren. Dadurch verhindern Sie, dass die Aufgabe für die Kinder noch schwieriger wird und somit die Ergebnisse verfälscht werden. Sprechen Sie folgende Buchstaben- und Zahlenreihen vor:

1. Durchgang: 7, 3
2. Durchgang: D, K
3. Durchgang: 4, 6, 9
4. Durchgang: C, H, A
5. Durchgang: 8, 5, 2, 4
6. Durchgang: B, E, G, L
7. Durchgang: 1, 8, 3, 10, 4
8. Durchgang: F, T, O, P, V
9. Durchgang: 2, 5, 6, 9, 3, 1
10. Durchgang: R, G, E, V, K, T
11. Durchgang: 3, 6, 8, 10, 4, 1, 9
12. Durchgang: A, C, Y, Z, W, P, O

Abbruchregel: Wenn das Kind dreimal hintereinander eine Aufgabe falsch löst.

Auswertung: Pro richtig nachgesprochener Reihe gibt es einen Punkt. Werden Zahlen oder Buchstaben ausgelassen, umgestellt oder ersetzt, ist die Antwort als falsch zu werten und es gibt keinen Punkt. Anschließend werden die erreichten Punkte addiert. Maximal können 12 Punkte erreicht werden.

Kinder bis ca. 6,5 Jahre

- 0–3 Punkte: unterdurchschnittliches Ergebnis
- 4–7 Punkte: durchschnittliches Ergebnis
- 8–12 Punkte: überdurchschnittliches Ergebnis

Kinder im Alter von 6,5 bis 8,5 Jahren

- 0–4 Punkte: unterdurchschnittliches Ergebnis
- 5–8 Punkte: durchschnittliches Ergebnis
- 9–12 Punkte: überdurchschnittliches Ergebnis

Kinder im Alter von 8,5 bis 10 Jahren

- 0–5 Punkte: unterdurchschnittliches Ergebnis
- 6–9 Punkte: durchschnittliches Ergebnis
- 10–12 Punkte: überdurchschnittliches Ergebnis

Interpretation: Aufgrund dieses einen Testes kann natürlich noch keine Diagnose gestellt werden. Dennoch liefert diese Übung wertvolle Hinweise für die weitere Arbeit und Förderung. Ein niedriger Wert auf der Skala für das Arbeitsgedächtnis in Kombination mit eher unterdurchschnittlichen Ergebnissen in diesem Test können auf eine Schwäche des Arbeitsgedächtnisses hinweisen.

Wie können Kinder mit einem schwachen Arbeitsgedächtnis im Unterricht unterstützt werden?

Neben den bereits in Kapitel 2.1 genannten unterstützenden Maßnahmen zur Förderung der exekutiven Funktionen werden an dieser Stelle Maßnahmen genannt, die sich als besonders hilfreich bei Kindern mit Arbeitsgedächtnisproblemen erwiesen haben (Gathercole/Alloway 2014):

- Das Kind beobachten: Könnte ein Versagen des Arbeitsgedächtnisses vorliegen?
- Bei Bedarf die Informationen wiederholen oder die Anweisungen in überschaubarere Einheiten zerlegen (Kap. 2.1).
- Die Anforderungen von Lernaktivitäten an das Arbeitsgedächtnis beurteilen und Arbeitsgedächtnislasten ggf. bereits bei der Planung verkleinern.

- wichtige Informationen visualisieren
- wiederkehrende Aufgaben ritualisieren
- zum Gebrauch von Gedächtnisstützen/Unterrichtshilfen ermuntern (z.B. Zahlenstrahl, Dienes-Material oder Rechenplättchen)
- gedächtnisentlastende Strategien entwickeln (z.B. Hausaufgabenhefte oder Checklisten)
- klare, reduzierte Lehrersprache (z.B. statt „Wir machen Pause, nachdem wir aufgeräumt und unsere Hände gewaschen haben." „Erst räumen wir auf. Dann waschen wir unsere Hände. Anschließend machen wir Pause.")

Spielerische Förderung des Arbeitsgedächtnisses auditiv

Spiel 29: Tier-Spiel

Material: nichts, bei Bedarf Kopiervorlage verwenden (Kopiervorlage „Tierstimmen")

Vorbereitung: Die Lehrkraft nennt dem Kind langsam und deutlich Tiere. Das Kind wiederholt die Tiere in derselben Reihenfolge, indem es Tierstimmen imitiert oder sich entsprechend bewegt. Sagt die Lehrkraft beispielsweise „Esel – Katze", antwortet das Kind „ia – miau".

Orga-Form: Einzeltraining oder Kleingruppe
Dauer: ca. 5 Min.

Tab. 2: Beispiele für Tierstimmen und mögliche Bewegungen

Tier	Tierstimme	Bewegung
Vogel	piep	mit den Armen ‚flattern'
Elefant	torö	eine Hand an die Nase, mit der anderen Hand durch die Armbeuge greifen und Rüssel darstellen
Hund	wau	hecheln
Esel	iah	Eselsohren mit den Händen machen
Katze	miau	Pfoten putzen
Frosch	quak	Froschhüpfer

Spielablauf: Stufe 1: Die Lehrkraft beginnt zunächst mit zwei Tieren. Nach drei richtigen Wiederholungen wird die Anzahl der zu merkenden Tiere um eins gesteigert. Abgebrochen wird, wenn drei Versuche missglückt sind. Um die Motivation zu erhalten, wird der letzte erfolgreiche Durchgang wiederholt (z.B. zwei bis drei Beispiele mit dieser Anzahl).

Variation: Statt der Tierlaute werden nun typische Tierbewegungen durchgeführt.

Stufe 2: Die Lehrkraft nennt erneut Tiere. Je nach verabredetem Signal wiederholt das Kind die Tiere entweder als Tierstimme oder als Bewegung.

BEISPIEL

Die Lehrkraft sagt „Vogel–Esel–Frosch" und hebt den Arm. **Martin** führt nacheinander folgende Bewegungen aus: „mit den Armen flattern–Eselsohren machen–Froschhüpfer". Nennt die Lehrkraft „Hund–Frosch–Katze" und lässt den Arm unten, wiederholt er „wau–quak–miau".

Stufe 3: Die Lehrkraft nennt erneut zwei Tiere. Das Kind wiederholt diese rückwärts. Nach jeweils drei richtigen Wiederholungen wird um ein Item gesteigert.

Die Lehrkraft sagt „Frosch–Hund". **Martin** antwortet mit „wau–quak".

FÖRDERZIELE

- Leistungsfähigkeit des Arbeitsgedächtnisses auditiv verbessern
- Kognitive Flexibilität (ab Stufe 2)
- Zentrale Exekutive (Die gespeicherten Informationen müssen ab Stufe 3 im Gedächtnis zusätzlich noch manipuliert werden.)

Spiel 30: Was wurde genannt? Obstsalat auditiv

Orga-Form: Einzelförderung
Dauer: 10 Min.

Material: Kopiervorlagen „Obstsalat auditiv"

Vorbereitung: Die Lehrkraft legt die Kopiervorlage „Obstsalat auditiv“ bereit. Das Kind bekommt das Arbeitsblatt mit den Bildern, die Lehrkraft behält die Wortliste.

Spielablauf: Stufe 1: Die Lehrkraft liest langsam die erste Wortliste mit drei Obstsorten vor. Das Kind merkt sich die vorgelesenen Obstsorten und vergleicht sie mit den vor sich liegenden Bildern. In welchem Bild befinden sich die vorgelesenen Obstsorten?

Stufe 2: Statt drei Obstsorten muss sich das Kind nun vier Obstsorten merken.

FÖRDERZIELE

- Leistungsfähigkeit des Arbeitsgedächtnisses auditiv verbessern

Spiel 31: Gehörte Memorykarten merken

Orga-Form: Einzelförderung
Dauer: 10 Min.

Material: beliebiges Memoryspiel, bei Bedarf Spielplan (Kopiervorlage „Memorykarten“)

Vorbereitung: Die Memorykarten werden aufgeteilt. Die Lehrkraft erhält eine Hälfte der Paare, das Kind die andere Hälfte.

Spielablauf: Stufe 1: In der ersten Runde erhält der Schüler exakt die benötigte Anzahl der Memorykarten. Die Lehrkraft nennt drei Memorykarten. Das Kind legt die genannten Karten in der richtigen Reihenfolge auf den Tisch. Nach drei richtigen Wiederholungen wird die Anzahl der zu merkenden Bilder um eins gesteigert.

Stufe 2: Schwieriger wird es, wenn der Schüler mehr Karten als benötigt erhält. Nun müssen einerseits die genannten Karten im Arbeitsgedächtnis gespeichert werden, damit sie in der richtigen Reihenfolge wiedergegeben werden können, und andererseits die überflüssigen Karten ignoriert (inhibiert) werden. Auch hier wird zunächst mit drei zu merkenden Karten begonnen. Nach drei richtigen Wiederholungen kommt eine weitere Karte hinzu. Erfahrungsgemäß ist es ausreichend, wenn ca. 12 bis 15 Karten vor dem Schüler liegen.

Stufe 3: Die Karten des Schülers liegen verdeckt auf dem Tisch. Die Lehrkraft nennt Karten, die sich der Schüler merken soll (wie in Stufe 2). Der Schüler muss nun jede seiner Karten einzeln aufdecken und entscheiden, ob er sie benötigt oder nicht.

FÖRDERZIELE

- Leistungsfähigkeit des Arbeitsgedächtnisses auditiv verbessern
- Inhibition steigern (ab Stufe 2)

Spielerische Förderung des Arbeitsgedächtnisses visuell

Spiel 32: Obstsalat

Orga-Form: Einzeltraining
Dauer: 5 Min.

Material: Kopiervorlage „Obstsalat"

Vorbereitung: Die Kopiervorlage „Obstsalat" wird vor den Schüler gelegt. Die Lehrkraft tippt nun langsam verschiedene Obstsorten an. Das Kind wiederholt die Obstsorten in der gezeigten Reihenfolge.

Spielablauf: Stufe 1: Zunächst wird mit zwei verschiedenen Obstsorten begonnen. Nach drei richtigen Wiederholungen kommt eine weitere Obstsorte hinzu. Dies wird solange gesteigert, bis die individuelle Leistungsgrenze erreicht ist und die korrekte Reihenfolge nicht mehr wiedergegeben werden kann. Dann wird wieder auf die gerade noch bewältigte Stufe zurückgegangen. Auf dieser Stufe werden zwei bis drei Durchgänge ausgeführt.

Hinweis: Für das Selbstwertgefühl der Kinder und die Motivation ist es wichtig, die Übung mit einer gelungenen Wiederholung zu beenden.

Variation: Die Obstsorten werden zweimal angetippt.

Stufe 2: Die Lehrkraft beginnt mit zwei Obstsorten, die sie nacheinander antippt. Das Kind muss nun versuchen, die Obstsorten in umgekehrter Reihenfolge anzutippen. Bei drei richtigen Wiederholungen wird die Übung jeweils um eine Obstsorte gesteigert.

FÖRDERZIELE

- Leistungsfähigkeit des Arbeitsgedächtnisses visuell steigern
- Zentrale Exekutive (ab Stufe 2)

Spiel 33: Mit Memorykarten

Memory oder Variationen davon wie Zicke-Zacke-Hühnerkacke sind wunderbare Spiele, um das Arbeitsgedächtnis zu trainieren. Erfahrungsgemäß mögen Kinder mit schwachem Arbeitsgedächtnis kein Memory, da sie hier häufig Misserfolge haben. Deshalb kann es sinnvoll sein, zunächst mit folgender Variante zu beginnen.

Material: Memoryspiel, bei Bedarf Spielplan (Kopiervorlage „Memorykarten")

Orga-Form: Einzelförderung
Dauer: 10 Min.

Vorbereitung: Die Lehrkraft behält eine Hälfte der Bildpaare, der Schüler bekommt die andere Hälfte.

Spielablauf: Stufe 1: In der ersten Runde erhält der Schüler exakt die benötigte Anzahl der Memorykarten. Die Lehrkraft legt zu Beginn vier Memorykarten auf den Tisch. Das Kind prägt sich die Bilder einige Sekunden lang ein. Die Lehrkraft deckt nun ihre Karten mit einem Karton oder Papier ab. Das Kind legt die Karten in der richtigen Reihenfolge nach. Nach zwei bis drei richtigen Wiederholungen wird die Anzahl der zu merkenden Bilder um eins gesteigert.

Stufe 2:
Die Lehrkraft legt die Memory-Karten wieder aus. Sie dürfen nun auch um 90 oder 180 Grad gedreht werden. Das Kind muss sich also nun nicht nur die richtige Reihenfolge, sondern auch noch die Raum-Lage-Position merken.
Stufe 3: Der Schüler erhält mehr Karten als benötigt. Nun müssen die benötigten Karten im Arbeitsgedächtnis gespeichert werden, damit sie in der richtigen Reihenfolge wiedergegeben werden können. Die überflüssigen Karten sollen ignoriert (inhibiert) werden. Zunächst werden also vier Karten gezeigt. Nach zwei bis drei richtigen Wiederholungen kommt eine Karte hinzu. Erfahrungsgemäß ist es ausreichend, wenn ca. 12 bis 15 Karten vor dem Schüler liegen.

Stufe 4:
Gleiches Vorgehen wie in Stufe 3, allerdings dürfen nun die Karten wieder um 90 oder 180 Grad gedreht werden.

Stufe 5: Die Karten des Schülers liegen verdeckt auf dem Tisch. Die Lehrkraft legt Karten vor, die sich der Schüler merken soll (wie in Stufe 3). Der Schüler erhält kurz Zeit, um sich die Karten einzuprägen. Danach wird die Vorlage abgedeckt. Der Schüler muss nun jede seiner Karten einzeln aufdecken und entscheiden, ob er sie benötigt oder nicht. Die Vorlage soll wieder in der richtigen Reihenfolge nachgelegt werden.

FÖRDERZIELE

- Leistungsfähigkeit des Arbeitsgedächtnisses visuell verbessern
- Inhibition steigern (ab Stufe 2)

Spiel 34: Im Labyrinth

Orga-Form: Einzelförderung oder Kleingruppe
Dauer: 10–15 Min.

Material: Seile
Vorbereitung: Mit Seilen oder mit Markierungszeichen wird ein Labyrinth (Gitternetz) am Boden ausgelegt (Abb. 11).

Spielablauf: Stufe 1: Die Lehrkraft geht durch das Labyrinth. Die Kinder sollen sich diesen Weg einprägen. Je jünger die Kinder sind, desto einfacher sollte der Weg sein. Anschließend geht das Kind bzw. die Kleingruppe auf demselben Weg durch das Labyrinth.

Stufe 2: Die Lehrkraft gibt einen Weg durch das Labyrinth vor. Die Schüler gehen nun den Weg umgekehrt zurück.

FÖRDERZIELE

- Leistungsfähigkeit des Arbeitsgedächtnisses verbessern
- Inhibition steigern

Abb. 11: Das Labyrinth

3.2 Förderung der Fähigkeit zur Inhibition

Inhibition ist die Fähigkeit zur Impulskontrolle, also die Fähigkeit, sein Verhalten im richtigen Moment zu stoppen oder zu unterbrechen sowie seine emotionalen Reaktionen angemessen regulieren zu können. Verbunden ist damit auch die Entscheidung, ob auf einen Reiz reagiert werden soll oder nicht.

Kinder mit schwacher Inhibition wirken oft unruhig und distanzlos, scheinen motorisch immer aktiv zu sein, reagieren mit unangemessenem Körpereinsatz, platzen verbal oder körperlich in Gruppen hinein und scheinen zu handeln, ohne nachzudenken. Sie reagieren unmittelbar und lassen sich leicht durch kleinste äußere Reize ablenken. Sie stehen im Unterricht einfach auf, stellen Fragen, die überhaupt nichts mit dem aktuellen Unterrichtsgeschehen zu tun haben, können nur schwer warten, bis sie an der Reihe sind, zappeln rum oder fallen mitten im Unterricht vom Stuhl.

Andere Kinder reagieren auf emotionale Situationen, indem sie regelrecht ausflippen oder zuschlagen (z.B. im Sportunterricht oder auf dem Pausenhof). Häufig reicht es, dass ein Klassenkamerad besonders laut ist oder angeblich bevorzugt wird. Auf ihr Verhalten angesprochen, reagieren diese Kinder betroffen und geloben Besserung. Dieses Versprechen können sie aber nur so lange halten, bis der nächste Reiz kommt, dem sie sofort und unmittelbar folgen (müssen). Sollten implizite Maßnahmen (Kap. 2) und Spiele nicht ausreichen, können die gezielte Vermittlung und das Training von Strategien sinnvoll sein.

Gawrilow et al. (2018) konnte nachweisen, dass das Setzen eines Zieles Schülern nicht half, ihre Selbstkontrolle zu steigern. Erst die Verknüpfung des Zieles mit einem konkreten Wenn-dann-Plan führte zur gewünschten Steigerung der Inhibition. Diese Pläne sollen sich wie ein Puffer zwischen den auslösenden Reiz und die unmittelbare, aber nicht erwünschte Reaktion schieben und neues, erwünschtes Verhalten ermöglichen.

In einem ersten Schritt werden zunächst die situativen Auslösereize identifiziert, die sogenannten Hotspots (Mischel 2015). Als Hotspots bezeichnet Walter Mischel (2015) Situationen, in denen Personen mit hoher Wahrscheinlichkeit die Selbstkontrolle verlieren. Er konnte nachweisen, dass aggressive Verhaltensweisen oder Stressreaktionen immer in spezifischen Situationen auftreten. Er nannte dies „stabile wenn-dann-Verhaltenssignaturen der Persönlichkeit“ (Mischel 2015, 249).

Ist also das Wenn einer typischen Auslösesituation identifiziert, gilt es im zweiten Schritt, alternative Handlungsmöglichkeiten zu formulieren und einzuüben, also das Dann zu verändern. Nachfolgend werden zwei typische Beispiele für den Einsatz einer strukturierten und direkten Intervention mithilfe eines Wenn-dann-Plans zur Förderung der Inhibition aufgezeigt.

Wenn-dann-Plan mit Förderziel Reaktionshemmung

Orga-Form: Einzelsetting

Material: bei Bedarf Kopiervorlage „Wenn-dann-Plan 1“

Ablauf: Definieren Sie gemeinsam mit dem Schüler ein Ziel. Identifizieren Sie die situativen Auslösereize und bestimmen Sie Situationen, in denen der Wenn-dann-Plan zum Einsatz kommen soll. Formulieren Sie einen Wenn-dann-Plan.

Hinweis:

- bei Bedarf visualisierte Erinnerungshilfen einsetzen (Stopp-Schild, Bild von erwünschtem Verhalten etc.)
- jedes erwünschte Verhalten unmittelbar positiv verstärken und loben
- bei Bedarf eine Belohnung vereinbaren

BEISPIEL

Sammy ist in der dritten Klasse. Im Unterricht arbeitet sie engagiert und begeistert mit. Allerdings ist es ihr bisher noch nicht gelungen, ihre Impulse zurückzuhalten und sich zu melden. Ihre Klassenkameraden und Lehrer reagieren zunehmend genervt, wenn sie mal wieder mit ihrer Antwort herausplatzt oder Geschehnisse ungefragt kommentiert.

1. Ziel formulieren: Im Einzelgespräch wird das Ziel „nicht mehr reinreden" vereinbart. Das Ziel wird positiv formuliert und es heißt „sich melden".
2. Situativer Auslösereiz: Fächer, die Sammy besonders Spaß machen
3. Wenn-dann-Plan: Mit Sammy wird folgender Wenn-dann-Satz eingeübt: „Immer wenn ich etwas sagen möchte oder im Unterricht die Antwort weiß, dann melde ich mich und warte, bis ich drankomme."
4. Unterstützung zur Zielerreichung:
   - Die Lehrkraft fotografiert Sammy, wie sie am Platz sitzt und sich meldet. Sie druckt das Foto in der Größe 9x13 cm aus und foliert es. Dieses Bild hat Sammy während des Unterrichts in ihrem offenen Mäppchen liegen. Es visualisiert das gewünschte Verhalten und erinnert Sammy daran.
   - Zusätzlich verabreden die Lehrerin und Sammy, dass Sammy jedes Mal, wenn es ihr gelingt, sich zu melden und nicht reinzuplatzen, einen Strich bekommt. Hat sie am Ende der ersten Woche 25 Striche gesammelt, darf sie sich eine Kleinigkeit aus der Schatzkiste der Lehrerin aussuchen.
   - Die Anzahl der Striche, die benötigt werden, um eine kleine Belohnung zu bekommen, werden sukzessive wöchentlich gesteigert, sodass es für Sammy immer eine machbare Herausforderung bleibt.
   - Die Lehrkraft belohnt Sammy anfangs, indem sie sie, wenn sie sich meldet, häufig aufruft. Wenn sie reinplatzt, wird sie von der Lehrkraft konsequent ignoriert oder ihr Verhalten folgendermaßen kommentiert: „Tut mir leid Sammy, ich kann deine Antwort nicht nehmen, da du dich nicht gemeldet hast."

Wenn-dann-Plan mit Förderziel Emotionsregulation

Material: Kopiervorlage „Wenn-dann-Plan 2"

Orga-Form: Einzelsetting

Ablauf: Lehrkraft und Kind versuchen gemeinsam, die individuellen Hotspots zu erkennen. Welche Ereignisse oder Situationen führen zu impulsivem und unbeherrschtem Verhalten? Unter welchen Situationen leidet das

Kind besonders bzw. wann treten die Probleme der Emotionsregulation besonders oft auf? Schüler und Lehrkraft einigen sich auf ein Ziel oder eine Situation, die sie in der nächsten Zeit in den Griff bekommen wollen (z.B. Ausflippen im Sportunterricht).

1. Was sind die auslösenden Situationen? Sind typische Hotspots erkennbar (z.B. wenn die gegnerische Mannschaft ein Tor schießt oder die Gefahr besteht, das Spiel zu verlieren)?
2. Was gar nicht geht! Welche Verhaltensformen sind in der Gruppe nicht akzeptabel? Es sollten Verhaltensweisen, die bisher im Affekt vorkamen, nun aber vermieden werden sollen, besprochen werden (z.B. Zuschlagen, etwas kaputt machen oder nach Hause laufen).
3. Was kann ich stattdessen tun? Kind und Lehrkraft überlegen sich gemeinsam verschiedene Alternativen. Dabei kann es zunächst hilfreich sein, alle Ideen zuzulassen. Mögliche Ideen könnten z.B. sein:
   - zweimal tief durchatmen
   - an der Seitenauslinie drei Liegestütze machen
   - auf der Toilette kaltes Wasser ins Gesicht spritzen
   - zur Ablenkung singen
4. Das Kind sucht sich mit der Unterstützung der Lehrkraft eine Verhaltensweise aus, die es in der nächsten Zeit bei auftretenden auslösenden Situationen umsetzen wird. Dazu formulieren beide gemeinsam einen Wenn-dann-Satz. Dabei gilt: Je stärker der Satz am Alltag des Kindes orientiert und je präziser er formuliert ist, desto höher ist die Wahrscheinlichkeit, dass die Intervention funktioniert. Dieser Satz könnte z.B. folgendermaßen lauten: „Immer wenn meine Mannschaft verliert, gehe ich in die Toilette und spritze mir etwas kaltes Wasser ins Gesicht, um mich abzukühlen und zu beruhigen. Erst danach gehe ich in die Umkleidekabine."
5. Der Schüler schreibt den Satz auf und sagt ihn laut vor.
6. Der Schüler lernt den Satz auswendig und wiederholt ihn mehrfach.
7. Vor typischen Situationen (z.B. vor Spielbeginn oder am Stundenende vor dem Gang in die Umkleidekabine) wiederholt der Schüler den Satz mehrfach.
8. Der Schüler sollte nach jeder gelungenen Situation gelobt werden.

BEISPIEL

Der Schüler **Jonas** neigt zu impulsiven und herausfordernden Wutausbrüchen, bei denen er völlig ausflippt, sich schreiend auf den Boden wirft oder nach seinen Klassenkameraden tritt und schlägt. Dieses Verhalten zeigt sich regelmäßig in emotional aufgeladenen Situationen, z.B. beim

Spiel „Chicken run“, bei dem sich die gefangenen Hühner (abgeworfene Schüler), die auf einer umgedrehten Bank stehen, durch einen gelungenen Wurf auf den Basketballkorb wieder befreien können. Jonas ist ein guter Werfer und hat schon einige Male seine Gruppe befreien können. Stehen seine Mitschüler aus der Parallelklasse laut rufend und zappelnd unter dem Korb, lässt er sich jedoch ablenken, trifft daneben, rastet aus und geht prügelnd auf seine Mitschüler los.

1. Auslösende Situation: Das Sich-ablenken-lassen führt dazu, dass die Leistung nicht abgerufen werden kann, was Frustration auslöst.
2. Was geht gar nicht: Prügeln
3. Sammlung von Möglichkeiten:
   - Mitschüler sollen ruhig sein
   - Jonas soll sich fokussieren und nicht mehr ablenken lassen
   - Jonas gibt den Ball ab und wirft erstmal nicht mehr
4. Wenn-dann-Satz formulieren: „Immer wenn ich bei Chicken run auf der Bank stehe und meine Mitschüler mich durch Schreien ablenken, dann schaue ich kurz auf den Ball, atme einmal tief ein und aus und werfe dann den Ball.“

Regelmäßige Erinnerungen an den verabredeten Wenn-dann-Satz helfen dem Schüler, sich in emotional aufgeladenen Situationen auf seine Stärke zu konzentrieren und sich nicht von seinen Mitschülern ablenken zu lassen.

4 Förderung exekutiver Funktionen durch Bewegung, Spiel und Sport

Bewegung, Spiel und Sport wirken sich positiv auf die exekutiven Funktionen aus. Besonders Mannschaftsspiele und kleine Spiele fördern die exekutiven Funktionen und damit die Selbstregulation.

> *Sportler müssen oft in „Bruchteilen von Sekunden und unter großem Druck die richtigen Entscheidungen treffen, flexibel denken und handeln, Impulse kontrollieren, die Aufmerksamkeit voll auf die motorische Aufgabe richten, ohne sich ablenken zu lassen" (Fit für Lernen und Leben o.J.).*

Sie sind geübt, sich selbst gut zu regulieren, müssen Gefühle steuern und negative Emotionen und Gedanken ausblenden können, um erfolgreich zu sein. Deshalb bezeichnet Bauer Sport auch als „Intensivtrainingslager für die Selbststeuerung" (2015, 66). In zahlreichen Studien konnten sowohl kurzfristige als auch langfristige Veränderungen der exekutiven Funktionen durch Sport nachgewiesen werden. So konnten Schulkinder direkt nach körperlicher Belastung Störreize besser ausblenden. Ihre selektive Aufmerksamkeit war deutlich erhöht (Hillman / Schott 2013, 36).

Körperliche Aktivität wirkt sich nicht nur positiv auf Ergebnisse in Konzentrations- und Schulleistungstests aus, sondern auch unmittelbar auf das Verhalten. Die Kinder waren nach körperlicher Belastung weniger unruhig und abgelenkt (Kubesch et al. 2016). Neurowissenschaftler fordern deshalb, den Sportunterricht vor kognitiv anstrengenden Unterrichtsstunden abzuhalten (Kubesch 2014; Ratey / Hagerman 2009; Spitzer 2002 etc.). Die Ursache dafür vermuten Forscher darin, dass es während und unmittelbar nach dem Sporttreiben zu einem Anstieg von Dopamin kommt. Dopamin ist ein Neurotransmitter (Botenstoff), der im Gehirn für Motivations- und Lernprozesse zuständig sind. Durch Sport und Bewegung wird das dopaminergene Belohnungssystem angeregt (Kubesch 2013, 20), was zu einer verbesserten exekutiven Leistungsfähigkeit führt.

Körperliche Aktivität und Fitness bewirken also strukturelle Veränderungen im Gehirn. So weisen Hillman und Schott (2013) und Kempermann (2015) auf Veränderungen im Hippocampus hin, jenem Bereich, der für das Lernen essenziell ist. Laut Kempermann (2015) kommt es zu „sportinduzierte[n] Größenveränderungen im Hippocampus“. Ursache dafür ist vermutlich das Protein BDNF (Brain-derived neurotrophic factor), das das Wachstum von Neuronen unterstützt und gelegentlich auch als „Dünger für's Gehirn“ bezeichnet wird (Fit für Lernen und Leben o. J.).

Neurogenese, also die Neubildung von Nervenzellen, kann auch durch geistige Beanspruchung gefördert werden. Kubesch (2016) berichtet jedoch von einem additiven Effekt (von bis zu 30% mehr Nervenzellen), wenn einer kognitiven Beanspruchung ein körperliches Training vorausgeht.

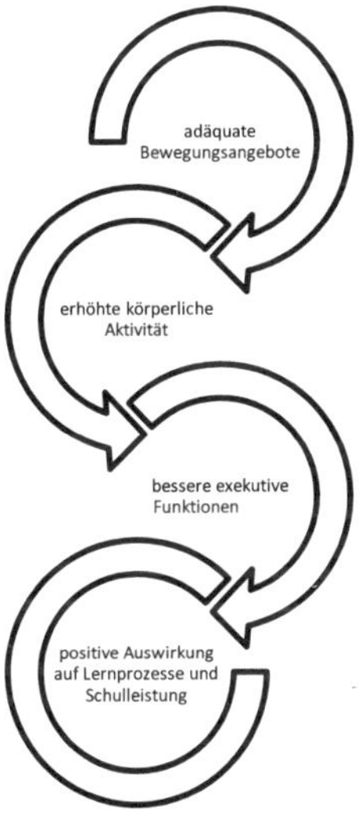

Abb. 12: Wirkungsweise von körperlicher Belastung auf exekutive Funktionen und Lernleistungen

Sport liefert dem Gehirn also die richtigen Werkzeuge, um zu lernen und neue Nervenzellen zu bilden. Werden anschließend auch kognitive Leistungen gefordert, unterstützt dies die Integration der neuen Zellen in das neuronale Netzwerk (Ratey/Hagerman 2009). Aufgrund dieser Erkenntnisse gibt es Bestrebungen, die oben beschriebenen Effekte nicht nur implizit, sondern auch explizit herbeizuführen. Frieder Beck (2014), der Autor des Buches

„Sport macht schlau", Gymnasiallehrer und Neurowissenschaftler, prägte den Begriff der kognitiven Aufsetzer.

der Turbo fürs Gehirn: Kognitive Aufsetzer

Gemeint ist damit, dass traditionelle Spiel- und Übungsformen durch zusätzliche kognitive Aufgabenstellungen so verändert werden, dass einzelne oder mehrere exekutive Funktionen gezielt gefördert werden. Am Beispiel des altbekannten Spiels „Feuer, Wasser, Sturm" sollen diese kognitiven Aufsetzer nun exemplarisch aufgezeigt werden (modifiziert nach einer Spielidee von Sabine Kubesch 2013).

Spiel 35: Feuer, Wasser, Sturm mit kognitiven Aufsetzern

Orga-Form: ganze Klasse oder Kleingruppe
Dauer: ab 5 Min.

Material: Farbkarten

Vorbereitung: Folgende Signale werden verabredet:

- Feuer = in die Ecke laufen
- Wasser = auf einen Gegenstand (z.B. Langbank) steigen
- Sturm = sich flach auf den Bauch legen

Spielablauf: Stufe 1: Die Kinder laufen durch die Halle. Auf Zuruf werden die entsprechenden Positionen eingenommen.

Kognitive Aufsetzer zur Förderung der Inhibition: Das Element wird genannt, die Bewegung darf jedoch erst ausgeführt werden, wenn ein Pfiff ertönt.

Hinweis: Diese Variante fällt Kindern der Eingangsstufe oder Kindern mit ADS / ADHS besonders schwer, da ihre Reaktionshemmung (noch) schwach ausgeprägt ist.

Kognitive Aufsetzer zur Förderung des Arbeitsgedächtnisses: Mit jedem weiteren Begriff müssen sich die Kinder mehr Items merken.

- Eis = Bewegung einfrieren
- Kaugummi = an der Wand kleben
- Blitz = sich auf den Boden kauern
- Kaffeeklatsch = drei Kinder sitzen zusammen am Boden

Stufe 2: Farbkarten werden den Begriffen und Bewegungsaufgaben zugeordnet.

- rot = Feuer = in die Ecke laufen
- blau = Wasser = auf Gegenstand steigen
- weiß = Eis = Bewegung einfrieren
- gelb = Sturm = flach auf den Bauch legen

Stufe 3: Statt Farbkarten werden den einzelnen Begriffen und Bewegungsaufgaben nun Ziffern zugeordnet.

- 1 = Feuer = in die Ecke laufen
- 2 = Wasser = auf Gegenstand steigen
- 3 = Eis = Bewegung einfrieren
- 3 = Sturm = flach auf den Boden legen

Hinweis: Hier erhöht sich die Arbeitsgedächtnislast deutlich. Vor allem in der Eingangsstufe sollte deshalb diese Variation kleinschrittig eingeführt werden.

Kognitive Aufsetzer zur Förderung der kognitiven Flexibilität: Stufe 1: Die Bewegungsaufgabe für das Kommando Wasser wird nun getauscht. Statt auf einen Gegenstand zu steigen, machen die Kinder Schwimmbewegungen

Stufe 2: Die Kinder machen nur dann Schwimmbewegungen, wenn die Lehrkraft bei der Begriffsnennung den Arm hebt. Ansonsten gilt wieder die alte Aufgabe, nämlich auf einen Gegenstand zu steigen.

Variation 1:
Die Aufgaben von Feuer und Eis werden getauscht, d.h. bei ‚Feuer' die Bewegung einfrieren und bei ‚Eis' in die Ecke laufen. Die anderen Bewegungsaufgaben bleiben unverändert.

Variation 2:
Im nächsten Schritt werden auch die Bewegungen bei Zuruf von Wasser und Sturm getauscht, d.h. bei ‚Wasser' auf den Boden legen und bei ‚Sturm' hochsteigen. Nun sind alle Bewegungen getauscht.
So ergeben sich für den Sportunterricht eine Vielzahl neuer Spiel- und Bewegungsmöglichkeiten. Bekannte Kindersportspiele können so verändert werden, dass das Gehirn sich ganz neu anstrengen muss. Analog zu den Spiel-

und Übungsformen im Klassenzimmer und im Einzelsetting gelten auch für den Einsatz von kognitiven Aufsetzern folgende methodisch-didaktischen Grundsätze:

1. Kognitive Aufsetzer kommen erst dann zum Einsatz, wenn das Grundspiel von der Mehrheit der SuS beherrscht wird.
2. Es bieten sich vor allem Lieblingsspiele an, also Spiele, die von allen Kindern beherrscht werden und überwiegend automatisiert ablaufen.
3. Der Schwierigkeitsgrad wird so gesteigert, dass die Aufsetzer als Herausforderung und nicht als Überforderung erlebt werden und der Spaßfaktor erhalten bleibt.
4. Vor der Einführung eines neuen Schwierigkeitslevels bieten sich Variationen an.
5. Eine Erhöhung des Schwierigkeitsgrades findet beispielsweise durch Hinzunahme weiterer Items oder durch Kodierung der Kommandos mithilfe von Begriffen (Zahlen, Wasser-/Landtiere, Hauptstädte oder Länder) statt. Werden Begriffe in Zahlen umgesetzt, handelt es sich um eine Variation und nicht um eine Erhöhung des Schwierigkeitsgrades. Erst bei der Kombination von Zahlen und Begriffen wird der Schwierigkeitsgrad erhöht.
6. Ähnlich wie bei der Förderung koordinativer Fähigkeiten werden bei manchen Aufsetzern mehrere exekutive Funktionen gleichzeitig gefördert. Trotzdem ist es sinnvoll, sich bei der Entwicklung von kognitiven Aufsetzern zu überlegen, welche exekutiven Funktionen schwerpunktmäßig gefördert werden sollen.

Quelle: nach Stuber-Bartmann 2015

Fangspiele

Spiel 36: Fänger auf Signal

Orga-Form: ganze Klasse
Dauer: 5–10 Min.

Material: Alle Kinder erhalten Hemdchen oder Mannschaftsbänder in verschiedenen Farben.

Vorbereitung: Die Kinder bewegen sich kreuz und quer in ihrem eigenen Tempo durch den Raum (oder ein abgestecktes Feld).

Spielablauf: Bei diesem Fangspiel sind die Fänger nicht zu Spielbeginn definiert. Auf Pfiff benennt die Lehrkraft die Fänger (Farbe des Mannschaftsbändchens, alle Mädchen, alle, die schon x Jahre alt sind oder alle, die im Sommer Geburtstag haben). Diese sind dann Fänger und versuchen so schnell wie möglich, die anderen zu fangen. Wer gefangen wurde, kommt an den Rand und macht eine Extraübung (z.B. Kniebeugen, Liegestütze, Strecksprünge). Sind alle SuS gefangen, begeben sie sich wieder ins Feld und das Spiel beginnt von Neuem.

FÖRDERZIELE

- Kognitive Flexibilität (Die Spielsituation ändert sich aufgrund des Pfiffs blitzschnell.)

Spiel 37: Merk-Fangen

Orga-Form: ganze Klasse
Dauer: pro Durchgang 5 Min.

Material: viele kleine Schätze (z.B. Spielfiguren, Knöpfe, Muggelsteine)

Vorbereitung: Je nach Klassengröße und Alter der Kinder werden zwei bis drei Fänger bestimmt. Alle anderen Kinder erhalten einen kleinen Gegenstand, den sie in der geschlossenen Faust transportieren.

Spielablauf: Auf Kommando beginnen die Fänger, die anderen Kinder zu fangen. Wer gefangen wurde, zeigt dem Fänger seinen Gegenstand. Danach wird die Faust wieder geschlossen und weitergespielt.

Stufe 1: Die Lehrkraft beendet nach einiger Zeit die Runde. Die Kinder sammeln sich im Kreis. Wie viele Gegenstände konnten sich die Fänger richtig merken?

Stufe 2: Die Zeit wird begrenzt (z.B. auf eine Minute). Wie viele Kinder konnten in dieser kurzen Zeit gefangen werden und wie viele Gegenstände haben sich die Fänger gemerkt?

FÖRDERZIELE

- Leistungsfähigkeit des Arbeitsgedächtnisses verbessern (Die Fänger müssen sich die einzelnen Schätze ihrer Mitschüler merken.)

Spiel 38: Harry-Potter-Fangen

Orga-Form: ganze Klasse
Dauer: 10–15 Min.

Material: drei Zauberstäbe in unterschiedlichen Farben (weiche Gegenstände wie Tennisring oder abgeschnittene Poolnudel)

Vorbereitung: Auf Schloss Hogwarts steht heute Verwandlung auf dem Stundenplan. Die drei Protagonisten, Harry, Hermine und Ron, erhalten die Aufgabe, alle anderen Kinder in einen Stein zu verwandeln.

Spielablauf: Die drei Zauberkinder Harry, Ron und Hermine sind Fänger. Wer mit dem Zauberstab berührt wird, bleibt regungslos stehen. Befreit bzw. zurückverwandelt werden die Kinder, wenn ihnen andere Kinder über den Rücken streicheln.

Stufe 1: Leider hat Ron nicht richtig zugehört und Schwein statt Stein verstanden. Er verwandelt nun seine gefangenen Kinder in Schweinchen. Die Kinder, die von Rons Zauberstab berührt werden, krabbeln auf allen Vieren weiter und werden befreit, indem man ihnen die Hand zum Füttern hinhält.

Stufe 2: Hermine ist wieder Klassenbeste und darf nun die Kinder in Wackelpudding verwandeln. Wer von Hermines Zauberstab berührt wird, bleibt stehen und schlenkert mit dem Oberkörper und den Armen. Wackelpudding-Kinder können befreit werden, wenn symbolisch an ihnen geknabbert wird.

Tab. 3: Harry-Potter-Fangen

Fänger	verwandelt in ...	wird befreit durch ...
Harry	Stein	über den Rücken streicheln
Ron	Schwein	gefüttert werden
Hermine	Wackelpudding	angeknabbert werden

FÖRDERZIELE

- Leistungsfähigkeit des Arbeitsgedächtnisses verbessern (Die SuS müssen sich nicht nur die drei Fänger und ihre Verwandlungen, sondern auch den richtigen Befreiungszauber merken.)
- Kognitive Flexibilität (Die Verwandlungs- und Befreiungszauber müssen richtig angewendet werden.)

Spiel 39: Würfel-Fangen

Orga-Form: ganze Klasse
Dauer: 10–15 Min.

Material: je nach Gruppen- bzw. Klassengröße zwei bis drei Matten und Würfel, Pylonen zum Abstecken eines Feldes

Vorbereitung: Mit Pylonen wird ein Feld abgesteckt. Außerhalb des Feldes befinden sich die Würfelstationen (Matte mit einem Würfel). Je nach Gruppengröße werden zwei bis drei Fänger bestimmt.

Spielablauf: Auf Signal beginnen die Fänger zu fangen. Wird ein Kind gefangen, verlässt es das Spielfeld und geht zur Würfelstation. An der Würfelstation darf pro Person genau einmal gewürfelt werden. Je nach Ergebnis (siehe unten) führt das Kind die Aktion aus und kehrt ins Spielfeld zurück oder muss gegebenenfalls noch einen Moment warten, bis ein anderes Kind die entsprechende Zahl gewürfelt hat und es wieder ins Feld zurück darf.

Stufe 1: Würfelt ein Kind eine Eins oder eine Sechs dürfen alle Kinder an der Station wieder ins Spielfeld.

Stufe 2: Weitere Würfelzahlen werden mit Aktionen belegt: Wenn ein Kind z.B. die Drei würfelt, dürfen alle Mädchen ins Feld, bei der Vier alle Jungen.

Stufe 3: Nun werden noch die restlichen Würfelzahlen mit Aufgaben belegt. Hier können gerne die Ideen der Kinder aufgegriffen werden (z.B. bei der Zwei die Würfelstation wechseln, bei der Fünf genau fünf Strecksprünge machen).

Hinweis: Da das Spiel sehr intensiv ist, empfiehlt es sich, spätestens nach ca. drei Minuten einen Fängerwechsel vorzunehmen.

FÖRDERZIELE

- Leistungsfähigkeit des Arbeitsgedächtnisses verbessern (Die Kinder müssen sich im Laufe des Spiels zunehmend mehr Items merken.)
- Inhibition steigern (Jüngeren Spielern fällt es gelegentlich schwer, dass sie nur einmal würfeln dürfen.)

Spiel 40: Aufgepasst und losgerannt

Orga-Form: ganze Klasse
Dauer: pro Durchgang 2–3 Min.

Material: nichts

Vorbereitung: Alle Kinder bewegen sich langsam mit geschlossen Augen durch den Raum. Ihre Arme halten sie vor sich ausgestreckt. Die Lehrkraft berührt je nach Gruppengröße zwei bis drei Kinder an der Schulter. Sie sind nun Fänger.

Hinweis: Bei jüngeren oder sehr impulsiven Kindern kann es sinnvoll sein, dass die Kinder stehen oder im Außenstirnkreis sitzen und die Augen mit den Händen abdecken.

Spielablauf: Stufe 1: Auf das Kommando „aufgepasst und losgerannt" öffnen die Kinder die Augen und die Fänger versuchen so schnell wie möglich, alle Kinder zu fangen. Wer abgeschlagen wurde, bleibt stehen und hebt die Hand.

Stufe 2: Die Lehrkraft ernennt durch eine Berührung am Kopf zusätzlich zwei Zauberer oder Feen, die die abgeschlagenen Kinder wieder befreien dürfen. Das Spiel endet, wenn die Zauberer und Feen bzw. alle Kinder gefangen sind.

FÖRDERZIELE

- Kognitive Flexibilität (Der Gruppe ist bis zum letzten Moment nicht bekannt, wer gleich Fänger sein wird und die SuS müssen nach dem Kommando blitzschnell reagieren.)

Staffelspiele

Spiel 41: Drei gewinnt – gerannt

Material: neun Reifen, sechs Tücher oder Mannschaftsbänder in einer Farbe

Vorbereitung: Die Reifen werden auf einer Hallenseite angeordnet (Abb. 13), sodass ein Quadrat mit drei mal drei Reifen entsteht. Die Schüler werden in zwei Mannschaften eingeteilt und stehen am Startpunkt auf der anderen Hallenhälfte.

Es spielen immer zwei Mannschaften mit maximal fünf Kindern gegeneinander. Bei großen Gruppen oder Klassen müssen unter Umständen mehrere Spielfelder aufgebaut werden. Jede Mannschaft erhält drei Tücher.

Orga-Form: Klasse aufgeteilt in Gruppen à 6–8 Kinder, ab Klasse 3
Dauer: weniger als 1 Min.–4 Min.

Spielablauf: Das Spiel wird wie das bekannte Spiel „Vier gewinnt" gespielt, bei dem vier gleichfarbige Spielsteine senkrecht, waagrecht oder diagonal in eine Reihe gelegt werden müssen. Auf ein Signal hin laufen jeweils die beiden ersten Schüler los. Jeder legt sein Tuch oder Band in einen Reifen, läuft so schnell wie möglich zurück und tippt den nächsten Spieler an, der daraufhin mit dem zweiten Tuch losläuft.

Ist nach dem dritten Tuch noch kein Sieger ermittelt, läuft der vierte Schüler los und darf ein Tuch seiner eigenen Farbe umlegen. Dies wird so lange gespielt, bis eine Entscheidung fällt, d.h. drei gleichfarbige Tücher/Bänder senkrecht, waagrecht oder diagonal in einer Reihe liegen.

FÖRDERZIELE

- Kognitive Flexibilität (Anders als beim klassischen Spiel müssen die Kinder unter hohem Druck sehr schnell eine Entscheidung fällen. Erst nach einem Sprint zum Feld mit den Reifen können sie die aktuelle Situation erfassen.)
- Leistungsfähigkeit des Arbeitsgedächtnisses verbessern (Es müssen strategische Entscheidungen getroffen werden.)
- Inhibition steigern (Die Kinder folgen dem Spielverlauf erfahrungsgemäß sehr emotional und müssen schnelle Entscheidungen treffen. Das Spiel wird dadurch sehr fehleranfällig. Die Kinder benötigen eine hohe Frustrationstoleranz und müssen ihre Emotionen regulieren.)

Abb. 13: Drei gewinnt – gerannt

Spiel 42: Flitzmemory

Orga-Form: ganze Klasse
Dauer: 10–15 Min.

Material: beliebiges Memoryspiel, ggf. kleine Pylonen oder Joghurtbecher

Vorbereitung: Eine Hälfte der Memorypaare wird mit dem Bild nach unten in der Hallenmitte verteilt. Die andere Hälfte der Memorykarten befindet sich bei der Lehrkraft. Startpunkt der Gruppen (mindestens zwei, maximal vier Gruppen) ist jeweils an einer Ecke des Spielfeldes oder an einem vereinbarten Startpunkt. Jede Gruppe erhält eine Memorykarte, deren Gegenstück sie nun finden muss.

Spielablauf: Stufe 1: Auf ein Signal hin startet jeweils der erste Läufer und deckt in der Hallenmitte eine Karte auf. Ist es die gesuchte zweite Hälfte des Memorypaares, darf die Karte mitgenommen werden, wenn nicht, muss sie wieder umgedreht werden. Der nächste Läufer startet, wenn der erste Läufer wieder bei der Gruppe ist. Wer hat am Ende die meisten Paare?

Stufe 2: Die Memorykarten werden mit Joghurtbechern abgedeckt. Ist die gesuchte zweite Hälfte des Memorypaares gefunden, darf die Karte mitgenommen werden. Der Becher jedoch wird wieder umgedreht und bleibt als Niete im Spiel.

FÖRDERZIELE

- Leistungsfähigkeit des Arbeitsgedächtnisses verbessern (Memory ist ein klassisches Spiel zur Förderung des visuellen Arbeitsgedächtnisses.)
- Inhibition steigern (Bei jüngeren Spielern ist die Versuchung, mehr als nur eine Karte aufzudecken, sehr hoch.)

Spiel 43: Mensch ärgere dich nicht – bewegt

Orga-Form: ganze Klasse aufgeteilt in 4er- oder 8er-Gruppen
Dauer: 10–15 Min.

Material: Kopiervorlage „Mensch-ärgere-dich-nicht" kopieren und folieren, Spielfiguren und Würfel, Laufstrecke oder Hindernisparcours

Vorbereitung: Laufstrecke abstecken oder Hindernisparcours aufbauen. Immer vier Kinder spielen in einer Gruppe gegeneinander. Die Spielfelder werden am Rand außerhalb des Laufparcours aufgebaut. (In großen Klassen werden Zweierteams gebildet, dadurch entstehen Gruppen mit acht Spielern. Bei großen Klassen ist es sinnvoll, zwei oder drei Spielfelder zur Verfügung zu stellen.)

Spielablauf: Der erste Spieler würfelt und setzt seine Spielfigur. Danach durchläuft er sofort den Hindernisparcours. Direkt danach würfelt der zweite Spieler, setzt ebenfalls seine Spielfigur und startet in den Parcours usw. Genau wie beim Originalspiel am Tisch dürfen Spielfiguren rausgewürfelt werden. Gestartet wird sofort mit dem ersten Würfelergebnis und nicht erst mit einer Sechs. Dasselbe gilt, wenn eine Spielfigur rausgeworfen wurde. Wer oder welche Mannschaft hat seine Spielfigur zuerst im Ziel?

Variation: Alternativ kann das Spiel mit einer Zeitbeschränkung (5, 7 oder 10 Minuten) gespielt werden. Wer hat in dieser Zeit die meisten Spielfiguren ins Ziel gebracht?

Hinweis: Gerade bei jüngeren oder sehr impulsiven Kindern ist es sinnvoll, das Spielfeld auf einen Kleinkasten zu legen und die Kinder auf dem Boden (mit einem größeren Würfel) würfeln zu lassen.

FÖRDERZIELE

- Inhibition steigern (Wer rausgewürfelt wird, muss die Frustrationen aushalten und seine Emotionen regulieren können.)

Spiel- und Übungsformen mit Elfer-raus- oder Uno-Karten

Spiel 44: Farbe oder Zahl?

Orga-Form: ganze Klasse
Dauer: 5–10 Min.

Material: Elfer-raus- oder Uno-Karten

Vorbereitung: Jedes Kind erhält eine Elfer-raus-Karte. Alle Kinder laufen durch die Halle oder ein abgestecktes Feld.

Spielablauf: Stufe 1: Die Lehrkraft sagt entweder eine Farbe oder eine Zahl an. Die Kinder sortieren sich entsprechend dem genannten Kriterium in einer Gruppe.

Stufe 2: Die Kinder tauschen beim Laufen permanent die Karten mit jedem Kind, das ihnen begegnet.

FÖRDERZIELE

- Kognitive Flexibilität

Spiel 45: Zahlenstaffel

Orga-Form: ganze Klasse
Dauer: 5–10 Min.

Material: Elfer-raus-Karten von 1 bis 10

Vorbereitung: Die Karten werden umgedreht an einer Hallenseite ausgebreitet. Auf der anderen Seite stehen die SuS in ihren Gruppen in einer Reihe hintereinander. In jeder Gruppe sollten mindestens vier bis fünf Läufer sein.

Spielablauf: Stufe 1: Auf ein Kommando laufen jeweils die ersten Kinder der Laufgruppen los und drehen eine Karte um. Sofern es eine Karte mit der gewünschten Farbe ist, darf sie mitgenommen werden, ansonsten muss sie wieder umgedreht werden. Gewonnen hat die Gruppe, die alle Karten von 1 bis 10 in der richtigen Reihenfolge bei sich abgelegt hat und hintereinander auf dem Boden sitzt.

Stufe 2: Diesmal dürfen nur gerade Zahlenkarten mitgenommen werden. Gewonnen hat die Gruppe, die die Zahlen 2 – 4 – 6 – 8-10 in der richtigen Reihenfolge bei sich abgelegt hat und auf dem Boden sitzt.

Variation: Sammeln aller ungeraden Zahlenkarten einer Farbe.

FÖRDERZIELE

- Leistungsfähigkeit des Arbeitsgedächtnisses steigern (Ähnlich wie beim Memoryspiel müssen sich die bereits umgedrehten Karten gemerkt werden.)
- Inhibition steigern (Es darf nur eine Karte umgedreht werden.)
- Kognitive Flexibilität (bei Stufe 2 in beiden Variationen)

Spiel 46: 1–6-Zahlenstaffel

Orga-Form: ganze Klasse
Dauer: 5–10 Min.

Material: Elfer-raus-Karten von 1 bis 6

Vorbereitung: Die Karten werden umgedreht an einer Hallenseite ausgebreitet. Auf der anderen Seite stehen die SuS in ihren Gruppen in einer Reihe hintereinander. Die Karten werden farbig sortiert und den Gruppen zugeordnet.

Spielablauf: Bei diesem Staffelspiel geht es nun darum, die Karten in der gewünschten Reihenfolge zu sammeln: Erst muss die Karte mit der Ziffer 1, dann mit der Ziffer 2 etc. gesucht werden.

FÖRDERZIELE

- Leistungsfähigkeit des Arbeitsgedächtnisses verbessern
- Inhibition steigern
- Kognitive Flexibilität (Die Kinder müssen sich nun nicht nur die Farbe, sondern immer wieder auch eine neue Ziffer merken.)

Komplexe Spielformen

Spiel 47: Hühnerjagd

Orga-Form: ganze Klasse
Dauer: 15 Min.

Material: Pylonen zum Abstecken der Ställe, Mannschaftsbänder oder Hemdchen in rot, gelb oder grün

Vorbereitung: Drei Bereiche (Ställe) werden mithilfe der Pylonen markiert (Abb. 14). Drei gleich starke Gruppen werden gebildet: Hühner, Füchse und Schlangen. Die Füchse erhalten rote, Hühner gelbe und Schlangen grüne Mannschaftsbänder.

Spielablauf: Die Tiere haben Hunger. Füchse essen (fangen) gerne Hühner. Die Hühner wiederum fangen Schlangen und Schlangen können schließlich den Füchsen gefährlich werden. Es gilt also: rot fängt gelb, gelb fängt grün und grün fängt rot, sodass jeder Fänger also auch zur Beute werden kann.

Fängt nun ein Fuchs z.B. ein Huhn, nimmt es seine Beute an der Hand und geht mit ihr zurück in den Fuchsbau. In dieser Zeit dürfen die anderen Kinder sie weder fangen noch befreien. Im Fuchsbau stellt sich nun das Hühnerkind mit einem Fuß auf den Pylonen und versucht mit dem anderen Fuß, möglichst weit ins Feld zu ragen. Zusammen mit den anderen gefangenen Hühnern bildet es eine Kette (Abb. 14).

Alle gefangenen Hühner können befreit werden, indem sie von einem anderen Huhn berührt werden. Dasselbe gilt auch für gefangene Schlangen und Füchse. Katzenwache ist erlaubt, d.h. ein ‚Fuchskind‘ darf sich unmittelbar bei den gefangenen ‚Hühnern‘ aufhalten und so versuchen, ein Befreien zu verhindern. Allerdings ist das bewachende Fuchskind unter Umständen jetzt leichte Beute für die Schlangenkinder, wenn es sich zu sehr auf die Bewachung konzentriert.

Bei Bedarf können sich die Kinder auch wieder in den eigenen Bau zurückziehen.

FÖRDERZIELE

- Leistungsfähigkeit des Arbeitsgedächtnisses verbessern (Die SuS müssen sich merken, wen sie fangen können.)
- Inhibition steigern
- Kognitive Flexibilität (Die Kinder müssen sowohl fangen als auch flüchten. Es gilt also, im rechten Moment das Fangen zu unterbrechen und schnell in den eigenen Stall zurückzukehren, um nicht selbst gefangen zu werden. Andererseits sollen die Kinder auch selbst Beute machen oder Mannschaftsmitglieder befreien.)

Abb. 14: Hühnerjagd

Spiel 48: Drachenschatz

Orga-Form:
ganze Klasse
Dauer:
pro Durchgang
5 Min.

Material: viele kleine Schätze wie geknotete Seile, Kirschkernsäckchen, Tennisringe oder Wäscheklammern

Vorbereitung: Es gibt zwei Mannschaften: die Drachen und die Schatzsucher. Eine Hallenseite ist die Drachenhöhle. Dort werden die Schätze auf dem Boden verteilt. Ein bis zwei Matten werden auf dieser Seite auf den Boden gelegt. Dorthin werden die von den Drachen gefangenen Schatzsucher gebracht. Auf der anderen Seite befinden sich die Kinder, die versuchen, möglichst viele Schätze aus der Drachenhöhle zu holen.

In der Mitte der Halle wird ein breiter Korridor markiert, in dem die Drachen sich aufhalten und der von den Schatzsuchern sicher durchquert werden muss, um zur Drachenhöhle zu gelangen (siehe „Kopiervorlage Drachenschatz").

Spielablauf: Stufe 1: Die Schatzsucher müssen durch den Korridor mit den Drachen in die Drachenhöhle rennen. Werden sie von einem Drachen berührt, müssen sie sich in der Drachenhöhle auf die Matte stellen. Schaffen sie es durch die Drachenzone, dürfen sie sich einen Schatz nehmen und auf ihre eigene Seite bringen.
Pro Lauf darf immer nur ein Schatzstück mitgenommen werden. Befinden sich gefangene Schatzsucher in der Drachenhöhle, müssen sich die Kinder entscheiden: Entweder sie nehmen einen Schatz mit zurück oder sie befreien eins der Kinder. Eine Befreiung gelingt, wenn es beide Kinder, die sich an den Händen halten, auf ihre Seite schaffen.

Stufe 2: Das Spiel wird auf Zeit gespielt. Nach Abpfiff werden folgende Punkte vergeben: Für jeden eroberten Schatz erhalten die Kinder einen Punkt. Für jedes Kind, das nach Abpfiff noch in der Drachenhöhle ist, werden zwei Punkte abgezogen.

Stufe 3: Die Lehrkraft bestimmt vor Spielbeginn, welche Schätze wertvoll sind und gesammelt werden sollen (z.B. alle roten Schätze). Während des Spiels müssen sich die Schatzsucher daran erinnern. Nach Abpfiff werden die Schätze bewertet, nur für die wertvollen erhalten die Schatzsucher Punkte.

FÖRDERZIELE

- Leistungsfähigkeit des Arbeitsgedächtnisses verbessern (Die Kinder müssen Handlungen strategisch planen und taktisch sinnvoll vorgehen.)
- Inhibition steigern (Beim schnellen Abstoppen kurz vor der Drachenzone oder beim blitzschnellen Entscheiden in der Drachenhöhle ist sowohl Inhibition als auch kognitive Flexibilität gefordert.)
- Leistungsfähigkeit des Arbeitsgedächtnisses verbessern und Inhibition steigern (In Stufe 3 besteht die besondere Herausforderung darin, dass wertlose Schätze erkannt und ignoriert werden müssen.)

Spiel 49: Farben-Brennball

Orga-Form: ganze Klasse
Dauer: mind. 15 Min.

Material: Ball, Hütchen zur Spielfeldbegrenzung, drei bis vier verschiedenfarbige Reifen als Brandmale

Vorbereitung: Es werden zwei gleich starke Mannschaften gebildet. Die Hütchen werden als Spielfeldbegrenzung aufgestellt, Start- und Zielbereich werden gekennzeichnet. Die Reifen werden an verschiedenen Stellen im Feld ausgelegt. Die Läufermannschaft stellt sich an den Startpunkt, die Fängermannschaft befindet sich im Spielfeld.

Spielablauf: Ein Spieler der Läufermannschaft wirft den Ball ins Spielfeld. Der Ball sollte innerhalb des Spielfeldes den Boden berühren, sonst muss der Wurf wiederholt werden. Die Lehrkraft zieht zeitgleich eine Farbkarte und hält diese für alle sichtbar hoch. Dies ist für die Fängermannschaft das Signal dafür, in welches Brandmal (Reifen) der Ball abgelegt werden muss.

Sobald der Läufer den Ball ins Feld geworfen hat und die Fängermannschaft den Ball zum Brandmal befördert, versucht er, das Spielfeld einmal zu umrunden. Er darf dabei von Freimal zu Freimal (Hütchen zur Spielfeldbegrenzung) laufen. Ist der Ball im richtigen Brandmal angekommen, ruft ein Schüler der Fängermannschaft laut „verbrannt". Sofern sich der Schüler der Läufermannschaft nicht am Freimal befindet oder bereits am Zielhütchen vorbei ist, muss der Schüler wieder zum Startpunkt zurückkehren und bekommt keine Punkte.

Stufe 2: Es gibt zwei Läufer, die je einen Ball ins Feld werfen. Die Lehrkraft zieht zwei verschiedene Farbkarten. Die Bälle müssen in den entsprechenden Brandmalen abgelegt werden.

Stufe 3: Die einzelnen Reifen erhalten Nummern. Sobald der Ball im Spiel ist, ruft die Lehrkraft laut die Nummer des Reifens, in den der Ball abgelegt werden muss.

FÖRDERZIELE

- Kognitive Flexibilität (Die Fängermannschaft muss sich permanent auf ein neues Brandmal einstellen.)
- Leistungsfähigkeit des Arbeitsgedächtnisses verbessern (ab Stufe 3)

Tanzspiele

Spiel 50: Ku-tschi-tschi

Orga-Form: ganze Klasse
Dauer: 10–15 Min.

Material: Lied „Ku-tschi-tschi" (Große-Jäger/Ganslandt 1995)

Vorbereitung: Die Kinder üben zunächst folgenden Ablauf:

1. Teil mit acht schnellen Zweivierteltakten: frei im Raum bewegen
2. Teil mit vier Viertelnoten: aufeinander zugehen und „Achtung jetzt kommt" rufen
3. Teil „Ku-ku-ku-tschi-tschi" (lang, lang, kurz, kurz, lang) wird zweimal wiederholt: die Arme bei der ersten Wiederholung nach vorne und bei der zweiten Wiederholung nach oben boxen

Spielablauf: Nach der Explorationsphase, in der die Kinder verschiedene Fortbewegungsarten und Bewegungen ausprobieren durften, werden nun gemeinsam mit den Kindern verschiedene Bewegungen für den Teil mit den acht schnellen Zweivierteltakten festgelegt (z.B. Hampelmann, Anfersen, Kniehebelauf).

Stufe 1: Das Lied wird in genau dieser Reihenfolge wiederholt.

Stufe 2: Die Lehrkraft ruft oder zeigt bei „Ku-ku-ku-tschi-tschi" die Bewegung für die kommende Sequenz an (in beliebiger Reihenfolge).

FÖRDERZIELE

- Leistungsfähigkeit des Arbeitsgedächtnisses verbessern (Stufe 1)
- Kognitive Flexibilität (ab Stufe 2)

Spiel 51: Kreistanz

Orga-Form: ganze Klasse oder Kleingruppe
Dauer: 2–3 Min.

Material: nichts

Vorbereitung: Alle Kinder stellen sich im Innenstirnkreis auf, fassen sich an den Händen und dürfen sich während des gesamten Spiels nicht loslassen. Je nach Alter und Einfallsreichtum der Kinder werden nun nacheinander verschiedene Kommandos eingeführt:

1. der Kreis wechselt die Laufrichtung
2. alle gehen in die Hocke, kommen wieder hoch und laufen weiter
3. alle springen hoch und wechseln die Laufrichtung
4. alle berühren nacheinander mit beiden Knien den Boden und stehen wieder auf, ohne die Hände zu lösen
5. in die Mitte laufen, dabei Arme nach oben führen und „Hossa" sagen

Spielablauf: Stufe 1: Die Kommandos werden nacheinander eingeführt. Dabei werden immer alle vorausgegangenen Kommandos wiederholt.

Stufe 2: Sind einige Kommandos eingeführt, können diese zuerst vorwärts und dann in umgekehrter Reihenfolge angesagt werden (z.B. 1 – 2 – 3 – 4 – 5 – 4 – 3 – 2 – 1).
Stufe 3: Eine beliebige Reihenfolge wird vorab bekannt gegeben und dann durchgeführt (z.B. 3 – 5 – 1).

FÖRDERZIELE

- Leistungsfähigkeit des Arbeitsgedächtnisses verbessern
- Phonologische Schleife und zentrale Exekutive (Stufe 2 und 3)

5 Förderung der Selbstregulation als Aufgabe der Schulentwicklung?

Viele Vorsätze, Ideen oder Vorhaben, die von Lehrkräften innerhalb einer Fortbildung oder an einem Pädagogischen Tag entwickelt werden, versinken leider häufig im Treibsand der Alltagsroutine, denn an vielen Schulen laufen – oft unter hohem Einsatz der Lehrkräfte – Projekte und Vorhaben parallel nebeneinander her, ohne dass es eine sinnvolle Vernetzung und Koordination gibt. Dadurch gehen viele Impulse unter und wertvolle Ressourcen werden verschwendet.

Selbstregulation erfordert regelmäßiges Training. Das Erlernen der Selbstregulation ist ein langwieriger Prozess, der vom Kindergarten bis weit über die Schulzeit hinaus andauert und häufiger, regelmäßiger und vielseitiger Übung bedarf. Hier gilt daher ausnahmsweise die Regel: „Viel hilft viel". Die Schule bietet dabei tagtäglich eine Vielzahl an Übungsmöglichkeiten sowohl in Situationen des sozialen Miteinanders als auch in regulären Lernsituationen im Klassenzimmer.

Je stärker das Gesamtsystem Schule berücksichtigt wird, desto erfolgreicher wird das Ergebnis sein. Selbstregulation betrifft schließlich alle für die Qualität einer Schule relevanten Ebenen: die individuelle Ebene (Schüler/Lehrkraft), die Klassenebene und die Schulebene der gesamten Schule.

Schulebene

Selbstregulation auf Schulebene lässt sich im Schulcurriculum im Qualitätsbereich Unterricht (selbstständige Lernprozesse ermöglichen und unterstützen) verankern. Dazu gehört, dass sich alle am Schulleben Beteiligten Gedanken machen, wie Rahmenbedingungen geschaffen werden können, in denen zunehmend selbstreguliertes Lernen möglich ist. Da Selbstregulation nicht nur für das Lernen, sondern auch für die sozial-emotionale Entwicklung von Bedeutung ist, lohnt es sich unter Umständen, weitere, das gemeinsame Schulleben betreffende Bereiche in den strukturierten Schulentwicklungsprozess einzubeziehen und im Schulportfolio zu verankern. Mögliche Bereiche sind:

Regeln und Rituale: Wenige, aber für alle transparente Regeln, deren Einhaltung konsequent von allen Beteiligten eingefordert wird.

Räume: In klar strukturierten Räumen fällt es Kindern leichter, sich auf eine Sache oder Aufgabe zu fokussieren. Deshalb lohnt es sich, sich Gedanken darüber zu machen, ob es Räume gibt, in denen es immer wieder zu Schwierigkeiten kommt, und wie sich diese durch Modifikationen verändern lassen.

Strukturen: Welche (schulorganisatorischen) Rahmenbedingungen liegen vor und welche Maßnahmen ergreift die Schulleitung bzw. das Gesamtkollegium? Dazu gehört z.B. auch die Gestaltung der Stundenpläne: Kann der Sportunterricht auf den Vormittag gelegt werden? Ist die Einführung von reinen Bewegungspausen im Laufe des Vormittags umsetzbar?

Elternarbeit: Wie können Eltern über das Vorgehen der Schule informiert werden? Wie kann man sie einbeziehen? Ein Elternabend zu Beginn des Schuljahres kann die notwendige Transparenz herstellen und Eltern dazu motivieren, sich am Gesamtprozess zu beteiligen. Sie sollen sich zugehörig fühlen. Wichtig dabei ist herauszustellen, in welcher Form Eltern den Selbstregulationsprozess zu Hause fördern können. Ein regelmäßiger Austausch und Abgleich auf Augenhöhe trägt auch hier zur Nachhaltigkeit bei.

Klassenebene

Im Laufe der Grundschulzeit wird die Selbstregulation häufig in Unterrichtsformen trainiert, die zunehmend selbstreguliertes Verhalten erfordern (z.B. Präsentationen ab der zweiten Klasse, Gruppenarbeiten oder Wochenhausaufgaben bzw. Wochenplanarbeiten). Viele Schulen bieten diese Unterrichtsformen an und trainieren damit implizit die Selbstregulationsfähigkeit ihrer SuS. Allerdings lässt sich feststellen, dass als Grund für das Scheitern dieser Unterrichtsangebote eher die Inhalte oder das Format des jeweiligen Angebots herangezogen wird als die mangelnde Selbstregulationsfähigkeit der jeweiligen Schüler.

Diese Unterrichtsformen sind häufig Bestandteil des Schulcurriculums, das von allen am Schulleben beteiligten Personen ausgearbeitet wurde. Daher ist es sinnvoll, die explizite Förderung der exekutiven Funktionen auf Klassenebene ebenfalls im Schulcurriculum zu verankern. Im Bildungsplan des Landes Baden-Württemberg ist ab dem Schuljahr 2016/17 das Thema Selbstregulation in den Leitperspektiven, die den Fachplänen vorangestellt sind, verankert.

In den Leitperspektiven werden Fähigkeitsbereiche angesprochen, die nicht einem einzigen Fach zugeordnet sind, sondern in allen Fächern entwickelt werden sollen. Der Bereich Selbstregulation ist der Leitperspektive „Prävention und Gesundheit" zugeordnet, deren vorrangiges Ziel die Förderung von Lebenskompetenzen und die Stärkung von persönlichen Schutzfaktoren ist. Eines der zentralen Lern- und Handlungsfelder ist dabei die Selbstregulation (Ministerium für Kultus, Jugend und Sport Baden-Württemberg 2016). Damit ergibt sich nun auch eine horizontale Verankerung des Themas (nämlich in allen Fächern) im System Schule.

individuelle Ebene

Erfolgreiche und nachhaltige Schulentwicklungsprozesse gehen mit tiefgreifenden Veränderungen im System Schule einher, durch die bisherige Werte, Normen, Rollen, Routinen und Verhaltensweisen auf den Prüfstand gestellt werden. Auch die Förderung der Selbstregulation beinhaltet weitaus mehr als gelegentliche Übungen zum Arbeitsgedächtnis oder Spiele, die die Inhibition oder die kognitive Flexibilität fördern. Sie stellt mitunter neue Herausforderungen an die Lehrkraft.

Zunächst müssen die Ausgangsbedingungen der einzelnen Kinder erfasst werden, um angemessene Angebote machen zu können: Wie viel Regulation durch die Lehrkraft wird benötig? Welche Unterstützung braucht das Kind noch (z.B. durch Visualisierung oder durch eine Wenn-dann-Abmachung)? Situationen, in denen sich das Kind bereits gut selbstreguliert verhalten kann, können zur Entwicklung weiterer Situationen herangezogen werden.

Selbstregulation zu fördern, ist kein einfaches Unterfangen, zumal zu viel Regulation von außen genauso wenig sinnvoll ist wie zu wenig Regulation (Bodrova/Leong 2014, 251). Entscheidend dafür ist die Haltung der Lehrkraft. Hier gilt es die Kinder wertschätzend und unterstützend zu begleiten und Selbstregulation fordernde Situationen als Lern- und Übungssituationen zu begreifen und anzunehmen: „Auf die Haltung kommt es an!" (Kubesch 2016, 35f.)

Literatur

Bauer, J. (2015): Selbststeuerung. Die Wiederentdeckung des eigenen Willens. 3. Aufl. Blessing, München.

Baumeister, R. (2015): Wo ein Wille ist... In: Gehirn & Geist, Nr.11/2015, 19–23

Beck, F. (2014): Sport macht schlau. Mit Hirnforschung zu geistiger und sportlicher Höchstleistung. Berlin, Goldegg

Bodrova, E., Leong, D. (2016): toolsofthemind.org, 21.07.2016

Bodrova, E., Leong, D. (2014): Selbstregulation: Eine Basis für frühes Lernen. Das Erlernen von Impulskontrolle ist entscheidend für die kindliche Entwicklung. In: Kubesch, S. (Hrsg.), 249–253

Bodrova, E., Leong, D. (2007): Tools of the Mind. The Vygotskian Approach to Early Childhood Education. Pearson Education, New Jersey

Brunsting, M. (2011): Lernschwierigkeiten – Wie exekutive Funktionen helfen können. Haupt, Bern

Center on the Developing Child der Harvard University (2015): Enhancing and Practicing Executive Function Skills with Children from Infancy to Adolescence. In: http://46y5eh11fhgw3ve3ytpwxt9r.wpengine.netdna-cdn.com/wp-content/uploads/2015/05/Enhancing-and-Practicing-Executive-Function-Skills-with-Children-from-Infancy-to-Adolescence-1.pdf, 02.06.2015

Diamond, A., Lee, K. (2014): Interventionen, die sich bei der Entwicklung exekutiver Funktionen bei 4- bis 12-jährigen Kindern als hilfreich erwiesen haben. In: Kubesch, S. (Hrsg.), 145–161

Drechsler, R., Steinhausen, H.-C. (2013): Verhaltensinventar zur Beurteilung exekutiver Funktionen (BRIEF). Deutschsprachige Adaptation des Behavior Rating Inventory of Exekutive Functions (BRIEF). Hans Huber, Bern.

Duckworth, A., Seligmann, M. (2005): Self-discipline Outdoes IQ in Predicting Academic Performance of Adolsecents. In: http://www.sas.upenn.edu/~duckwort/images/PsychologicalScienceDec2005.pdf, 28.11.2016

Fit für Lernen und Leben (o. J.): Förderung der Lern- und Sozialkompetenz durch Bewegung, Sport und Spiel. In: www.fit-lernen-leben.ssids.de, 25.11.2016. Wörtl. Zitat Kap. 4: http://www.fit-lernen-leben.ssids.de/wbt-sport-selbstregulation/bewegung-sport-spiel/texte, 30.11.2016

Gathercole, S., Alloway, T. (2014): Arbeitsgedächtnis verstehen. Ein Leitfaden fürs Klassenzimmer. In: Kubesch, S. (Hrsg.), 255–269

Gawrilow, C., Guderjahn, L., Gold, A. (2018): Störungsfreier Unterricht trotz ADHS. Mit Schülern Selbstregulation trainieren – ein Lehrermanual. 2. Aufl. Ernst Reinhardt, München

Grob, A., Meyer, C.S., Hagmann-von Arx, P. (2009): Intelligence and Development Scales (IDS). Intelligenz- und Entwicklungsskalen für Kinder von 5–10 Jahren. Huber, Bern

Große-Jäger, H., Ganslandt, F. (1995): Tanzen in der Grundschule. Fidula Verlag, Boppard

Hillman, Ch., Schott, N. (2013): Der Zusammenhang von Fitness, kognitiver Leistungsfähigkeit und Gehirnzustand im Schulkindalter. Konsequenzen für die schulische Leistungsfähigkeit. In: Zeitschrift für Sportpsychologie, 20, 33–41

Kabat-Zinn, J. (2013): Gesund durch Meditation. Das große Buch der Selbstheilung mit MBSR. Knaur, München

Kaltwasser, V. (2008): Achtsamkeit in der Schule. Stille-Inseln im Unterricht: Entspannung und Konzentration. Beltz, Weinheim / Basel

Kempermann, G. (2015): Neurodegenerative Erkrankungen und zelluläre Plastizität als sportmedizinische Herausforderung. In: http://www.zeitschrift-sportmedizin.de/en/articles-online/archiv-2015/heft-2/kempermann-neurodegenerative-erkrankungen-und-zellulaere-plastizitaet-als-sportmedizinische-herausforderung-kurztitel-neurodegeneration-und-zellulaere-plastizitaet/, 28.11.2016

Kubesch, S. (2016): Zur Förderung der exekutiven Funktionen mit Einstern. In: Bauer, R., Maurach, J. (2016): Einstern. Mathematik für Grundschulkinder. Handreichungen für den Unterricht. Cornelsen, Berlin

Kubesch, S. (Hrsg.) (2014): Exekutive Funktionen und Selbstregulation. Neurowissenschaftliche Grundlagen und Transfer in die pädagogische Praxis. Huber, Bern

Kubesch, S. (2013): Förderung exekutiver Funktionen und der Selbstregulation im Sport. PFIFF-Lehrwerk. BildungPlus, Heidelberg

Kubesch, S., Platz, F., Stuber-Bartmann, S. (2016): Erfolgreich handeln und selbstwirksam sein: Exekutive Funktionen und Selbstregulation fördern Konzentration und Durchhaltevermögen. In: AOK Baden-Württemberg: ScienceKids – Seelisches Wohlbefinden (im Druck). Hampp-Verlag, Stuttgart

Lauth, G., Schlottke, P. (2009): Training mit aufmerksamkeitsgestörten Kindern. 6. Aufl. Beltz, Weinheim und Basel

Ministerium für Kultus, Jugend und Sport Baden-Württemberg (Hrsg.) (2016): Bildungsplan 2016. In: www.bildungsplaene-bw.de, 27.10.2016

Mischel, W. (2015): Der Marshmallow Test. Willensstärke, Belohnungsaufschub und die Entwicklung der Persönlichkeit. Siedler, München

Miyake, A., Friedman, N., Emerson, M., Witzki, A., Howerter, A. (2000): The Unity and Diversity of Executive Functions and their Contributions to Complex ‚Frontal Lobe' Tasks: A Latent Variable Analysis. Cognitive Psychology 41, 49–100

Müller, S. (2013): Störung der Exekutivfunktionen. Fortschritte der Neuropsychologie. Hogrefe, Göttingen

Ratey, J., Hagerman, E. (2009): Superfaktor Bewegung. VAK, Kirchzarten bei Freiburg

Spitzer, M. (2002): Lernen. Gehirnforschung und Schule des Lebens. Spektrum, Heidelberg und Berlin

Stuber-Bartmann, S. (2015): Aus alt mach neu! Bekannte Spiele mit kognitiven Aufsetzern. In: Grundschule Sport. Nr. 6 Bewegung & Lernen. Friedrich, Selze

Walk, L., Evers, W. (2013): Förderung exekutiver Funktionen. Wehrfritz, Bad Rodach

Winter, B. (2010): „Komm, das schaffst du!" Aufmerksamkeitsprobleme und ADHS. Trias Stuttgart

Zelazo, P.D., Lyons, K.E. (2014): Das Potenzial frühkindlichen Achtsamkeitstrainings: Neurowissenschaftliche Perspektive auf entwicklungsbezogene und sozial-kognitive Prozesse. In: Kubesch (Hrsg.), 87–100

Sachregister

Achtsamkeit 50–62
Achtsamkeitsübungen 52–62
ADHS 11
Advance Organizer 26
Arbeitsgedächtnis 11, 14–16
–, Bedeutung des 15
–, Diagnose 66–68
–, Probleme 16, 21, 27, 66f.
Arbeitsgedächtnistraining 31–36, 40–44, 46–49, 69–74, 85, 89–91
Aufforderungen 29, 52, 84
Aufgaben verändern 26f.
Aufmerksamkeit 15f, 22f., 80
Aufsetzer, kognitive 82–84

Belohnung 26
Belohnungssystem 28, 80
BDNF 81

Dopamin 28, 80

Einschätzskalen 64f.
Elternarbeit 101
Emotionsregulation 16, 77f.
Erinnerungshilfen 25, 27
Erzählkreis (s.a. Stuhlkreis) 21, 27
Exekutive Funktionen
–, Bedeutung 13, 18
–, Definition 13f., 18
–, Entwicklung der 17f.
–, Förderung der 10f., 23, 28

Fangspiele 84–89

Gerüsttechnik (s.a. Scaffolding) 18, 23f.

Handlungsplanung 10, 13

Impulskontrolle 11, 16, 75
Inhibition 11, 16, 17
–, steigern 33–35, 37–40, 43–45, 47–49, 62, 75–79, 87, 89–97
Intelligenzquotient 10
Interaktionen verändern 27

Kim-Spiele 42–44
Kognitive Flexibilität 16
Kopfrechnen 20

Langzeitgedächtnis 15
Lernleistungen 18
Lernschwierigkeiten 11

Memoryvariationen 71–74, 90

Neurogenese 81

Präsentation (s.a. Referat) 21
Präfrontaler Kortex 17
Perspektivübernahme 16f.

Reaktionshemmung 76
Referat (s.a. Präsentation) 21
Regeln und Rituale 26, 100

Scaffolding (s.a. Gerüsttechnik) 18, 23f.
Schulentwicklung 11, 100–102
Schulerfolg 18
Selbstregulation 10f., 18, 23, 100-102
Spiel, Spiele
–, Bedeutung der 13, 28f.
–, allgemeine, im Klassenzimmer 39–50
–, im Deutschunterricht 30–32
–, im Matheunterricht 32–37
–, im Musikunterricht 37–39
–, im Sportunterricht 82–99

Sportunterricht 80–99
Staffelspiele 89–92
Studien 10
Stuhlkreis (s.a. Erzählkreis) 21, 27

Text abschreiben 20
Tools of the mind 23, 28

Übung 28f., 63f., 100
Umfeld verändern 24f.
Unterstützung 11, 24–28, 63

Verhalten 16, 22, 76, 80

wenn-dann-Plan 76

Zentrale Exekutive 15, 32, 70, 73